KB048386

이슬람에서 여성으로 산다는 것

이슬람에서 여성으로 산다는 것

정신분석을 통해 본 이슬람, 전쟁, 테러 그리고 여성

지은이 | 오은경
펴낸이 | 김성실
제작 | 한영문화사
펴낸곳 | 시대의창
출판등록 | 제10-1756호(1999. 5. 11)

초판 1쇄 발행 | 2015년 3월 15일
초판 2쇄 발행 | 2015년 9월 21일

주소 | 03985 서울시 마포구 연희로 19-1
전화 | 02)335-6121
팩스 | 02)325-5607
이메일 | sidaebooks@daum.net

ISBN 978-89-5940-470-4 (93910)

이슬람에서 여성으로 산다는 것

오은경 지음

시대의창

'폭력'을 넘어 '생명'으로

'나비효과'라는 말이 있다. 나비 한 마리가 날개를 펄럭거리면 그 에너지와 파급효과가 지구 반대편까지 전달된다는 뜻이다. 에너지 차원에서 지구의 만물이 연결되어 있음을 의미하는 용어지만, 최근 뉴스를 보면 국제 정세 또한 조그만 사건 하나하나가 연결되어 연쇄적으로 세상을 움직이고 있다는 생각이 든다. 연쇄 작용이 발생하면 한 나라 안에 살고 있는 수많은 사람들의 운명까지 뒤바뀐다. '이 세상은 모두 하나로 연결되어 있다'라는 말이 실감이 난다.

'이슬람'이라는 낯설고 이질적인 문명은 9·11 테러가 발생한 후에야 우리에게 각인되었다. 전 세계가 경악했던 이 사건을 통해 사람들은 '악마 같고 괴물 같던' 이슬람을 '반드시 알아야 하는 대상'으로 받아들이기 시작했다. 학계의 움직임을 시작으로 '이슬람 문화 바로 알기' 운동이 전개되기도 했다. 이슬람은 서구적 가치를 삶의 지향점으로 여기던 우리에게 충격과 도전으로 받아들여졌다.

그러나 이슬람을 우리가 파악해야 할 하나의 '대상'으로만 바라본다면 해결의 실마리를 찾을 수 없다. 인간은 생명이다. 그러므로 인간이 만들어가는 역사도 하나의 생명이다. 생명이란 그 어떤 것도 독자적으로 존재할 수 없다. 생명체는 끊임없이 주변의 대상과 관계를 맺으며 그 속에서 존재감을 확보해 나가고 정체성을 만들어낸다. 그러므로 생명은 하나의 대상으로서가 아니라 주변의 관계망 속에서 바라보아야 한다.

중세까지 이슬람 문명은 세계사를 주도했다. 그러나 과학기술의 발전과 근대화에서 뒤처지면서 서구 문명국가의 식민지로 전락하게 되었다. 오늘날의 전쟁과 테러는 사실상 그러한 뒤틀림에서 시작된 것과 마찬가지다. 이는 문명 자체가 안고 있는 본질적인 문제가 아니기 때문에 권력의 차원에서 접근해야 한다. 서구 문명과 이슬람 문명의 갈등은 서구와 비서구의 경제적·정치적 힘의 불균형에서 비롯되었다. 하지만 이러한 세계적 차원의 정치적·경제적·군사적 불균형과 폭력은 오히려 문명 간의 갈등인 것처럼 포장되었다. 가난에서 벗어나기 위해 서구로 이주한 이주민 무슬림들은 기독교 문명권의 현지인들에게 배척됨으로써 서구 문명의 잠재적인 '반군'이 되었다. 서구 문명의 혜택을 받고자 고향 땅을 떠났으나 냉대와 소외 속에 사회적 타자가 되어버린 사람들은 그들이 기댈 수 있는 오직 하나의 뿌리, 즉 이슬람 종교와 문화의 부흥을 희망하면서 이슬람의 위대함 속으로 숨어들기를 바라게 되었다.

역사는 이제 서구와 비서구, 기독교와 이슬람, 그리고 남성과 여성이라는 이질적인 대치 관계에서 벗어나 새로운 판을 짜야 하는 시대로 접어들었다. 우리 내부에 있는 이방인을 배타적으로 타자화하며 악마적인 것으로 몰아가면 갈수록, 그 결과는 눈덩이처럼 커져 도저히 감당할 수 없는 괴물이 되어 우리를 덮칠 것이기 때문이다. 바로 지금 우리가 목격하고 있는 IS가 그 예다. IS라는 괴물은 '이슬람'도 아니고 '국가'도 아니지만 구원자라고 자칭하며 우리를 위협하고 있다. 시리아의 내전을 틈타 뿌리를 내린 IS는 수니파 이슬람의 '완전성'과 이상적인 이슬람 국가라는 환상적 명분으로 젊은이들을 현혹하고 전 세계를 대상으로 선전포고를 하고 있다. 한국도 IS에게 서방세계의 일원, 즉 적국으로 간주되기 때문에 이 위협에서 안전하지 않다. 끊임없는 경쟁과 극단적 양극화에 시달리는 한국 사회 내부에서도 IS식의 폭력을 동반한 괴물이 서서히 고개를 들고 있다는 사실 또한 좌시하면 안 된다. 이 시대에 IS라는 괴물이 나타났다면 왜 IS가 괴물인지, 어쩌면 그 괴물은 우리가 키워낸 타자는 아닌지, 폭력은 왜 문제인지를 보다 근본적이고 본질적인 질문으로 사유하며 사고의 틀을 확장해야 한다. 이러한 인문학적 성찰이 없으면 '수천 명을 학살하는 드론 공격보다 IS의 참수가 더 나쁠 이유가 있는가'라는 질문에 스스로 포박당하고 만다.

중요한 것은, 이와 같은 폭력적인 현실 속에 또 다른 문제가 숨어 있다는 것이다. 바로 남성과 여성의 힘의 불균형이다. 현재도 지구의 곳곳에서 수많은 여성들이 희생당하고 있다. 이슬람 문명이 내부적으로 안고 있는 한계나 폭력성이 있다면 바로 남성 권력이 여성을 통제한다는 사실이다. 여성은 남성사회의 완전성이라는 환상을 지키기 위해 희생된다. 그러한 희생은 언제까지 계속되는 것이며, 그 끝은 어디일까? 그들의 죽음이 한낱 환상에서 비롯된 거라면 이러한 참사가 계속되어야 할 이유가 있을까?

우리가 추구하는 완전성은 비존재로만 존재한다. 이를 받아들이고 인정하는 것이 환상을 넘어서는 유일한 방법이다. 이 책은 서구와 비서구, 기독교와 이슬람 문명, 남성과 여성이라는 이분법적 구도가 만들어낸 폭력과 전쟁의 문제를 직시하고 통찰하려는 시도로 쓰였다. 통찰과 사유만이 진정한 의미의 해결책으로 나아가는 첫걸음이라고 믿기 때문이다. 베일의 진정한 의미는 무엇인지, 왜 명예살인과 여성 할례를 이해하려면 남성과 여성의 관계를 이해해야 하는지, 서구와 비서구의 힘의 불균형은 여성의 삶에 어떤 영향을 미치는지, 다문화 사회를 맞이한 지금 무슬림을 어떻게 받아들여야 하는지, 테러와 폭력이 왜 나쁜지를 성찰하며 문제를 풀어가야 한다.

이 책은 이러한 문제의식에서 출발해 여성, 이슬람, 전쟁, 테러의 역학 관계에 주목했다. 1장과 2장에서는 이슬람을 비롯한 문명이 여성의 성을 통제하는 방식으로 발전한 것은 아닌지, 민족주의와 여성은 어떤 관계를 맺고 있는지 생각해보았다. 3장과 4장에서는 이슬람 국가의 근대화 과정에서 등장한 신여성들의 함의와 염원은 무엇이었는지 그리고 낭만적 사랑을 통해 현대 여성으로 변신을 시도한 신여성들이 한계를 극복하지 못한 이유는 무엇인지 소설 《한단》을 통해 분석했다. 5장에서는 이슬람 여성의 베일을 페티시즘, 환상, 에로티시즘이라는 측면에서 정신분석적 통찰을 적용해 해석했다. 6장에서는 명예 살인이라는 악습을 소설 《독사를 죽였어야 했는데》를 통해 철학적으로 분석했다. 7장에서는 신체를 훼손함으로써 자신의 정체성을 드러내고자 하는 여성 할례를 어떻게 이해해야 하는지를 다루었다. 8장에서는 유년시절부터 민족 이데올로기에 갇혀 성장해온 지식인 여성이 주체로 거듭나는 과정을 소설 《죽으려고 눕다》를 통해 살펴보았다. 9장에서는 탈식민주의 페미니즘으로서 이슬람 페미니즘의 가능성과 한계를 짚어보았다. 10장에서는 다문화주의에 적합한 '인정의 정치학'에 대해 알아보고, 다문화 이론이 여성주의 측면에서 갖는 한계는 무엇인지 고찰해보았다. 11장에서는 우리의 화석화된 사유를 반성하면서 21세기 새로운 삶의 방식으로 떠오른 노마디즘과 유목민적 사유를 소설 《빈보아 신화》를 통해 짚어보았다. 12장에서는 서구에서 대테러 전쟁이 시작된 이후 달라진 지구촌 사람들의 삶을 조명하고 테러의 본질적인 원인을 분석했으며, 포스트모던적 해법을 생각해보았다. 13장에서는 한국전쟁에 참전했던 터키 장교가 주인공으로 등장하는 소설 《상처 짓이기기》를 통해 남성 히스테리에 대해 살펴보았다. 14장에서는 국가나 민족적 차원에서 전략과 전술로써 행해지는 전쟁과 테러 속에서 여성이 고스란히 피해를 떠안게 되는 메커니즘을 분석했다. 마지막 15장에서는 한국전쟁에 참전했던 터키군의 눈에 비친 한국과 한국 여성들의 삶을 희곡《벼 이삭 푸르러 지리라》와 회고록《한국전쟁에서의 터키인》을 통해 분석했다. 아울러 이 책에서는 단순히 이슬람 신자로서의 여성이 아닌, 사회, 문화, 정치, 경제 등 이슬람 문화권 전반을 기반으로 한 여성 층위를 다루기 위해, '무슬림 여성'이 아닌 '이슬람 여성'이라는 용어를 사용하였음을 밝혀둔다.

　이 책은 문제에 대한 구체적인 해결책을 제시하기보다는 문제의 본질적인 원인을 사유와 성찰을 통해 분석하려 했다. 그 과정에서 사용된 정신분석과 철학 이론 및 용어들이 다소 생소하고 불편하게 느껴질 수도 있기에, 터키 문학 텍스트를 사례로 적극 활용해 이해를 도왔다.

　지구라는 이 행성에 평화가 깃들고, 모두 더불어 행복할 수 있는 세상이 펼쳐지기를 바라는 마음으로 조심스럽게 이 책을 세상에 내놓는다.

오은경

차례

이슬람은 **여성의 성**을 통제할까

이슬람교 때문에 베일이 생겨났다고 생각하는 사람이 많다. 그러나 베일은 원래 고대 메소포타미아 지방의 풍습이었다. 그곳에서 왜 베일을 쓰게 되었는지는 밝혀진 바가 없지만 아마도 중동의 기후 조건과 관련이 있으리라 추측할 수 있다. 햇볕이 강하고 사막이 많은 중동 지방에서 머리에 걸치는 쓰개는 햇볕과 바람을 피하기 위해서 무엇보다도 필요했을 것이다. 그뿐만 아니라 당시 사람들은 어디까지나 자발적으로 베일을 사용했고 남녀노소나 신분에 따른 제약 또한 없었다. 문제는 국가가 기틀을 잡아가고 가부장적 권력이 정착하는 과정에서 여성의 베일이 점차 제도화되었다는 것이다. 이후 베일은 여성의 몸과 섹슈얼리티를 통제하기 위한 수단으로 활용되었다. 고대국가가 탄생하고 가부장제가 정착하면서 베일에 관한 법 조항이 마련되었는데, 이는 여성의 몸을 통제하던 남성의 미시 권력이 법제화되었음을 의미한다. 여성은 반드시 베일을 착용해야 한다고 명시한 아시리아 법에는 다음과 같은 규정이 있다.

"군주의 아내와 딸은 베일을 써야 한다. 첩 역시 베일을 착용해야 한다. 종교적 의미로 신전에 바쳐진 '성창聖娼'이었다가 이후에 결혼한 여성도 베일을 착용해야 한다. 그러나 매춘부나 노예는 베일을 쓸 수 없다. 만일 불법으로 베일을 착용하다가 적발될 경우에는 태형笞刑에 처하거나 귀를 자름으로써 벌한다."

얼핏 보면 위의 조항에서 베일은 신분을 명시하는 기호처럼 보이기도 한다. 하지만 베일은 단순히 여성의 '계급'을 표시하는 기호가 아니었으며 상류층 여성만이 베일을 썼던 것도 아니다. 베일은 '존중받고 보호받을 만한 가치가 있는' 여성인지 아닌지를 가늠하는 기준이었고, 남성의 보호하에 있는 여성과 그렇지 않은 여성의 차이를 표시하는 기호였다. 여성이 어떤 남성에게 소속되었는지 알 수 있도록 기호 체계를 갖춤으로써 성性 문화의 질서를 유지하려고 했던 것이다. 가부장제 사회를 유지하기 위해서는 '존중받고 보호받을 만한' 여성과 그렇지 않은 여성의 이분화, 즉 남성이 접근 가능한 여성과 그렇지 않은 여성을 구분하는 것이 무엇보다도 필요했다.

아시리아의 법 조항은 국가와 제도가 가부장 권력과 결탁하면서 어떻게 여성의 몸과 성을 훈육하고 통제해왔는지를 보여준다. 이때 베일이라는 상징적 매개체는 여성의 섹슈얼리티를 통제하는 기본 장치다. 여성의 섹슈얼리티를 통제하는 것은 민족과 종족을 형성하는 과정의 핵심 요소로, 가부장제와 국가가 확고한 기틀을 잡아갈 때 매우 중요하다. 가부장제에서 가장 중요한 요소가 바로 혈통이기 때문에 국가의 법적 장치를 통한 여성의 섹슈얼리티 통제를 제도화할 필요가 있었던 것이다.

베일 착용으로 시작된 여성의 섹슈얼리티 통제는 더욱 막강한 가부장제를 구축하는 데 기여한다. 사산조 페르시아의 통치(224~651)가 시작된 이후 메소포타미아에서 여성은 증인으로 법정에 설 수 없을 만큼 지위가 급격히 하락한다. 무슬림이 정복하기 전까지 메소포타미아에는 아케메네스 제국 Achaemenid Empire의 바빌론 점령(B.C. 539), 알렉산드로스 대

왕의 정복, 사산조 페르시아 등 다양한 문화가 있었지만 여성을 통제하는 제도와 규정은 더욱 강화되었다.

베일 착용은 모든 지역으로 확산되었고 사회의 기본 관행으로 고착되었다. 이와 더불어 여성의 몸은 '가려야 하는 수치스러운 것'이라는 관념이 생겨나기 시작했다. 서기 1세기에는 베일 착용과 더불어 여성의 격리 개념이 이라크와 페르시아 등 중동 지역의 기본 관습으로 굳어졌다. 이는 점차 여성의 몸을 폄하하고 여성의 섹슈얼리티를 '악'으로 규정하는 여성 비하 의식으로 발전하게 된다.

여기에 '누가 가치를 평가하는가?'라는 니체의 지적을 적용해볼 수 있다. 상대적으로 열등한 지위를 갖고 있던 여성의 몸과 섹슈얼리티가 '악'으로 규정되었다는 것은, 당시 여성들이 가치 평가의 주체에서 배제되었음을 의미한다.

문화 교류를 통해 아라비아 반도에 전해진 여성의 베일 착용은 이슬람의 여성관 형성에 영향을 미쳤다. 당시 이슬람 개혁은 7세기 아라비아 반도에서 부계적 통합 방식으로 이루어졌다. 특히 메카는 유목민의 상업적 질서에 의해 변화하고 있었다. 또한 외부에서 이란인이 유입되면서 커다란 문화 변동이 일어났다. 시리아, 비잔틴 제국, 에티오피아, 예멘 등을 오가던 이란인이 들어오면서 이웃 국가에서 일어난 남녀 위상의 변화를 받아들일 수밖에 없었기 때문이다. 여성 통제의 수단으로서 지역사회에서 여성을 배제하고 격리하는 것은 당시 이웃 국가에서 이미 정착되어 실행되고 있던 관습이었다. 이슬람의 여성관은 그러한 사회 분위기 속에서 형성되었고, 꾸란에는 혼인, 이혼, 상속, 베일 착용과 같은 여성의 행동 양식이 명시되었다. 꾸란은 남녀의 공동 창조를 주장하는 여성동격관, 여성과 남성의 생물학적 차이를 주장하는 여성유별관, 생물학적 차이 때문에 여성은 보호를 받아야 한다는 여성보호관과 관련된 내용을 공표하고 있다. 문제는 남성과 여성의 차이를 강조하는 여성유별관과 여성보호관이 이슬람 법 조항의 가부장적 권력을 기반으로 형성되었다는 것인데, 여성의 격리와 베일 착용도 마찬가지였다. 꾸란에는 다음과 같은 내용이 있다.

"믿는 여인들에게 일러 가로되 그녀들의 시선을 낮추고 순결을 지키며, 밖으로 나타내는 것 외에는 유혹하는 어떤 것도 보여서는 아니 되니라. 그리고 가슴을 가리는 머릿수건을 써서 남편과 그녀의 아버지, 남편의 아버지, 그녀의 아들, 남편의 아들, 그녀의 형제, 그녀 형제의 아들, 그녀 자매의 아들, 여성 무슬림, 그녀가 소유하고 있는 하녀, 성욕을 갖지 못한

하인 그리고 성에 대한 부끄러움을 알지 못하는 어린이 외에는 드러내지 않도록 하라. 또한 여성이 발걸음 소리를 내어 유혹함을 보여서는 아니 되나니 믿는 사람들이여, 모두 하나님께 회개하라. 그리하면 너희가 번성하리라."(꾸란 24장 31절)[1]

이러한 꾸란의 구절은 여성의 몸과 섹슈얼리티를 성적 자극을 촉발할 수 있는 매개체로 규정하는 의식에서 비롯되었으며 여성의 몸을 악마화·타자화 하는 데 기여했다. 모든 여성이 베일을 착용하기까지는 많은 시간이 걸렸으나 베일은 막강한 가부장 권력의 통제 안에서 강력한 힘을 발휘했다. 어디를 얼마만큼 가려야 하는지에 대해서는 법학자들에 따라 다양한 해석과 논쟁이 있지만, 베일 착용은 여전히 종교적 의무로 받아들여지고 있다.

1　《성 꾸란: 의미의 한국어 번역》, 최영길 옮김(파하드국왕꾸란출판청, 1997), 648쪽.

이슬람 민족주의는
왜 **여성**을 **문제**로 볼까

민족주의는 민족 정체성의 일부분이며, 각 사회마다 다르게 작동하는 문화적·정치적 담론이다. 따라서 모든 민족에게 해당되는 일반적 민족주의는 있을 수 없다. 민족주의 담론은 어느 상황에서 누구에게 이야기하느냐에 따라 그 의미가 달라진다.

　민족주의의 기원과 형태에 대해서는 많은 논의가 있지만, 민족주의 현상을 문화·사회·역사적으로 접근하는 서구의 학자들은 서구 사회에서 근대적 현상으로 등장한 서구 민족주의와 비非서구 사회에서 나타나는 민족주의에는 많은 경험적 차이가 있다고 본다. 그들은 서구의 민족주의를 논하는 기준이 역사적 영토, 법적·정치적 공동체, 평등권, 시민 문화와 이데올로기라면 동유럽과 아시아의 여러 지역에서 나타난 민족주의는 혈통에 기반을 둔 계보학적 유대, 대중적 동원, 언어, 풍습, 전통 등이라고 본다. 이러한 구분은 서구 사회의 민주주의를 해방적·진보적·인본주의적 '근대성'의 한 측면으로 간주하는 반면에 비서구 사회의 민족주의는 그 사회의 '봉건적' 성격의 증거로 보는 서구 중심적인 설명 방식이다. 이것은 비서구 사회의 민족주의가 서구 민족주의의 확대에 따른 대응 방식으로 출현했다는 측면을 전혀 고려하지 않은 것이다.

일반적으로 비서구 사회의 민족주의는 서유럽 중심주의에 대한 저항 담론으로 출현했다. 자기 정체성을 찾기 위한 정치적·문화적 투쟁으로 등장한 민족주의는 서유럽적 혹은 제국주의적이라고 간주되는 것을 배척하고 현저하게 보수적인 사회적 신념과 실천을 옹호하는 양상을 띤다. 그래서 과거의 문화를 미화하고 전통을 지키려는 경향이 있다.

민족에 대한 해석은 민족을 초역사적인 실체로 보는 견해와 민족을 근대의 고안물이자 발명품으로 보는 견해로 나뉜다. 후자는 각 사회의 근대화 과정을 세계 질서의 변화에 상응해 나타나는 근대의 역사적 산물로 간주하고 민족주의를 세계 체계로 편입되는 과정에서 나타난 각 사회의 대항적 입장이라고 본다. 후기 자본주의 혹은 탈근대로 설명되는 최근의 민족주의의 출현 역시 세계 질서가 새롭게 재편되는 상황에 대한 각 사회의 대응 방식이라고 본다.[1]

민족을 상상의 공동체로 볼 때, 민족은 이데올로기가 될 수 있으며 숭고한 대상이 된다. 민족은 신문이나 잡지 등을 통해 동시적 시공간을 공유한다.[2] 그러나 민족을 상상의 공동체로만 규정하는 데는 문제가 있다. 생활의 뿌리인 문화양식이나 사고방식이 전해져 내려오면서 지리적·문화적·역사적 차원에서 동질성이 생기는 경우가 있기 때문이다. 같은 지역에서 같은 말과 풍속, 문화를 비교적 오랫동안 함께 겪으면서 살아온 사람들을 한 민족으로 보는 것은 가능하다. 물론 이러한 경우에도 혈통, 언어, 관습 등에서 대부분 이질성이 혼재한다. 또한 시간을 거슬러 올라가며 따져볼 경우 그러한 동질적 문화가 와해되기도 한다.

서구의 경우 중세 가톨릭 사회가 무너지면서 유럽 사회가 다원화되었고, 그 과정에서 근대적인 국민국가를 구성하려 했던 주체 세력들이 민족 개념에 큰 의미를 부여했다. 중동의 경우에는 서구 열강의 침입에 저항하는 '내부'의 개념으로서 민족주의가 태동하게 되었다. 예를 들면, 터키 민족주의나 아랍 민족주의 역시 오스만 제국이 해체되면서 서구에 대응하기 위해 구성된 공동체적 이념이자 자기 정체성을 구현하려는 정치적·문화적 투쟁이었다는 점에서 저항적 민족주의 개념을 벗어나지 않는다. 오스만 제국 말기에는 오스만주의, 이슬람주의, 범튀르크 민족주의, 터키 민족주의 등이 혼재했다. 한편 아랍 국가에서는 제2차 세계대전을 전후로 서구 열강에 저항하는 차원에서 아랍 민족주의가 태동하기도 했다. 아랍 민족주의의 핵심 요소는 아랍어였다. 그러나 최근 아랍 민족주의는 종교 민족주의로 색채를 바꾸고 있다.

여기서 누가 민족적 동일성을 구성하는지의 문제는 중요한 쟁점이 된다. 근대적 민족국가를 세우려 했던 자들이 민족적 동일성을 구성했으며, 이들은 지배 담론의 주역이었던 남성이었다. 그 때문에 이들은 남성에게 유리한 제도를 만들었고, 남성은 이상적 담론이 되었다. 남성들 사이의 관계는 민족주의 역사와 깊은 관계가 있다. 서구 유럽의 사례를 보면, 계몽주의 시대만 하더라도 개인주의와 개인의 자율성이 중요했다. 민족은 목적이 아닌 인류애를 지향하는 세계 시민으로 나아가는 과정에 불과했다. 그러나 그러던 것이 19세기부터 달라지기 시작했다. 민족주의가 개인의 자율성을 제한하기 시작한 것이다. 민족해방전쟁은 특히 독일에서 중요한 기능을 수행했는데, 독일인은 남성들 사이의 우정을 예찬하면서 이를 애국주의와 연결시켰다. 그리고 우정이 남성의 성적 열정을 통제할 수 있다고 보고 이성애적 사랑보다 우월하다며 찬미했다. 섹슈얼리티는 우정에 흡수되고 통제되어야 했다. 남성의 열정은 점점 민족적 이상을 지향했고, 남성성은 조국을 위해 어떻게 죽을지를 아는 것을 의미하게 되었다. 그러면서 우정은 보다 호전적인 동맹으로 변모하기 시작했다. 남성 간의 우정은 집단에 대한 충성이 되었고, 이는 젊은 남성들을 국가의 일부로 만들었다. 그리고 그 과정에서 여성은 배제되었다. 결국 민족주의는 남성성과 동일시되면서 이상화되었던 것이다.[3]

이렇게 민족은 상상의 공동체로서 동일성을 상정하고 결속력을 끌어내는 데 성공했다. 그 결과 민족이라는 이데올로기가 만들어졌으며, 민족이라는 타자에 대한 환상이 지배 담론으로 자리 잡게 되었다. 민족 담론은 서구의 근대 국민국가에서든, 아니면 비서구 국가의 저항적 민족주의에서든 인간의 불완전성을 채워줄 논리이자 환상으로서 제구실을 다했다. 민족 담론은 순수성과 동일성에 대한 이데올로기였으며, 이질성을 제거해야만 완전성에 이를 수 있다는 강박을 만들었다.

또한 민족 담론은 다수성의 논리가 된다. 들뢰즈Gilles Deleuze는 존재자가 어떤 질서 속에서 사유하느냐에 따라 다수성의 논리와 소수성의 논리를 나누었다. 다수성의 논리는 조직화된 사유이며, 권력화된 사유다. 이에 비해 소수성의 논리는 차이의 논리로 설명하는 방식이다. 민족 담론은 조직화되고 권력화된 사유라는 점에서 다수성의 논리이며, 남성적 사유다.[4]

여성이 민족의 기표가 되는 현실은 어떻게 설명할 수 있을까? 여성이 민족성에 통합되는 과정은 남성이 민족성에 통합되는 과정과는 다르다는 점을 생각해볼 필요가 있다. 민족주의와 국가의 관계에서 남성과 민족이 우선시되는 것은 국가 자체가 남자들의 이해관계를 직접적으로 대변하기 때문이다. 이슬람 문화권 국가를 비롯한 대다수 제3세계 국가의 근대화 과정을 보면, 여성은 놀라운 활약을 보였지만 결국 민족주의 우선 정책에 따른 민족 담론 속에 함몰되고 만다. 여성주의 노선과 민족주의 노선이 공동전선을 형성했기 때문이다.

민족과 종족을 형성하는 과정에서 여성과 여성의 성이 통제되었다는 점도 주목해야 한다. 여성이 민족의 틀 안에서 종족적·민족적 경계를 결정하는 민족적 기표가 되어야 했기 때문에 여성의 성은 당연히 통제될 수밖에 없었다. 민족 담론은 가부장제의 공사 개념을 지배 담론의 영역으로 가져오면서 남녀의 성 역할을 탈역사화시킨다. 이로 인해 여성은 공적인 영역에서 배제되고 사적인 영역 안으로 축소된다. 아이러니한 것은 공적인 영역에서 보이지 않도록 배제된 여성이 담론의 장에서는 재현된다는 것이다. '우리'와 '그들'을 나누는 민족 담론에서 경계를 나누는 일은 민족을 유지하는 데 매우 중요하다. 그리고 재생산의 역할은 여성이 수행한다. 그러므로 민족의 정체성을 형성하는 과정에서 여성의 순결을 강조할 수밖에 없는 것이다. 여성의 존재와 역할은 바로 여기서 드러난다. 게다가 민족 담론 안에서 구성되는 여성은 동질화된 민족의 기호로 기표화되면서 현실적 경험과는 무관하게 추상화된다. 총체 담론으로서 민족주의는 모순적일 수밖에 없다. 이런 모순은 민중 계급, 여성, 소수민족과 관련될 때 더욱더 드러난다. 특히 여성은 민족의 정신적 강인함과 순수성을 상징하는 동시에 고통을 통해 민족의 영광을 드러내는 민족 담론의 기표로 동원되기 때문에 문제가 된다.[5]

민족주의는 민족의 구성원을 '자연적으로' 묶을 수 있는 어떤 것을 지칭하기 위해서 혈연이나 가정이라는 단어를 사용한다. 여기서 여성은 민족과 공동체의 핵심으로서 어머니와 헌신적인 아내로 지칭된다.[6] 조국이나 민족을 '어머니'로 비유하는 것이 대표적인 사례다. 그러나 이러한 '어머니'와 같은 여성은 주체성과 주권을 상실한 조국과 민족을 은유하는 경우가 많다. 반면 진취적이며, 기상이 넘치고, 온전한 국가나 민족은 남성으로 비유된다. 이와 같은 민족적 알레고리는 이미 보편적이다.[7] 조국이라는 단어에는 '돌아가야 할 어머니의 품'이라는 뜻이 함축되어 있으며, 모국이라는 단어는 '식민화된 고국', '거세된 조국'이라는 뜻이 강하다.

여성이 민족의 상징으로 작동하는 방식을 가장 명료하게 설명해주는 것이 바로 이슬람 여성의 베일이다. 이슬람 국가에서 베일을 민족 정체성 혹은 이슬람 문화 정체성의 기표로 선택했다고 가정하고, 그 작동 방식을 살펴보자.

가부장제와 식민주의가 지배적인 곳에서 여성은 전통적일수록 더 숭고해지며, 때로는 무방비 상태에서 수동적인 존재가 되거나 남성에게 보호받아야 하는 희생자가 되기도 한다.

성별에 따라 구분되는 사회적 역할을 이념적으로 활용하는 민족 담론은 민족을 남성의 재현 구조로 조명해내며, 이때 여성은 국가와 가족을 상징한다. 여성이 국민국가와 결합하는 과정은 다섯 가지로 나뉜다. 첫째, 여성은 민족 집단이나 구성원의 생물학적 재생산자로서의 역할을 담당한다. 둘째, 여성은 국가 내에서 민족적/인종적 경계선의 재생산자가 된다. 여기서 여성의 몸은 자신이 속한 집단의 정체성의 상징이 된다. 셋째로, 여성은 자신이 속한 민족 집단의 이념적 재생산에 참여하면서, 동시에 전통문화의 담지자가 된다. 특히 여성은 자라나는 젊은 세대에게 그 집단의 전통과 문화유산을 전달하는 역할을 해야 한다. 넷째로, 여성은 인종적/민족적 차이의 기표가 된다. 민족해방투쟁에서 위험에 빠진 조국은 '사랑받는 여성'으로 은유되고, 여성은 '사랑하는 아들을 전쟁에서 잃은 어머니'라는 독특한 민족주의 담론의 주인공이 된다. 이때 여성은 목숨을 걸고 지켜야 하는 민족의 상징물이 된다. 다섯째로, 여성은 민족해방투쟁에서 적극적인 역할을 담당하는 주체가 될 수 있다.[8] 그렇다면 여성은 민족과 계급, 가족이 목표를 달성하는 미래의 어느 때가 되어서야 비로소 행위의 주체성을 획득할 수 있게 된다. 이런 사회관계 속에서 여성 스스로가 주관적 주체성을 획득하는 것은 사실 별 의미가 없다. 가족이나 민족을 의미하지 않는 여성은 사회 담론 속에 포함되지 않기 때문이다.

1 에릭 홉스봄,《1780년 이후의 민족과 민족주의》, 강명세 옮김(창작과비평사, 1994).

2 베네딕트 앤더슨,《상상의 공동체》, 윤형숙 옮김(나남출판, 2002), 10~303 쪽.

3 정현백,《민족과 페미니즘》(당대, 2003), 6~7쪽.

4 자세한 내용은 질 들뢰즈·펠릭스 가타리,《천 개의 고원》, 김재인 옮김(새 물결, 2001), 820~850쪽.

5 김은실,〈민족 담론과 여성: 문화, 권력, 주체에 관한 비판적 읽기를 위하 여〉,《한국여성학》제10집(한국여성학회, 1994), 18~46쪽.

6 Deniz Kandiyoti, "Identity and its Discontents: Women and the Nation", *Millennium*, vol. 20, no. 3(1991).

7 김은실, 앞의 책, 36쪽 .

8 에릭 홉스봄, 앞의 책; Nira Yuval-Davis, *Women-Nation-State*, ed. Floya Anthias(London: Palgrave Macmillan, 1989); John Hutchinson, *Nationalism: Critical Concepts in Political Science*, ed. Anthony D. Smith(New York: Routledge, 2000), pp. 1480~1483; Norma Claire Moruzzi, "National Abjects: Julia kristeva on the Process of Political Self-Identification", *Ethics, Politics and Difference in Julia Kristeva's Writing*(New York: Roultedge, 1993); 정현백, 앞의 책, 6~7쪽.

이슬람 국가의 근대화와 신여성

대부분의 국가에서 근대화는 민족주의와 맞물려 실행되었다. 민족주의 기획은 사적 가부장제와 공적 가부장제 사이에서 줄다리기를 하면서 근대화 개혁을 시도하는데, 여성 교육이나 신체에 대한 논쟁이 대표적인 사례다. 국가가 사적 가부장제를 주도했다는 것은 널리 알려진 사실이다. 그렇기 때문에 근대성을 이해하려면 민족 담론이 사적 가부장제를 어떻게 정의해왔는지 살펴보아야 한다. 신여성이야말로 사적 영역이 민족 담론에 따라 어떻게 발전해왔는지를 가장 분명하게 보여주는 근대적 산물이다.

19세기, 이슬람 세계의 종주국이었던 오스만 제국에 근대화와 개혁의 바람이 불어오기 시작했다. 1839년의 탄지마트 Tanzimat 개혁은 여성의 지위를 개선하는 시발점이 되었다. 여성도 유산을 상속받을 수 있게 되었고, 근대적 의미의 여학교인 크즈 루스티예시Kiz Rustiyesi가 이스탄불에 설립되었다. 그 뒤를 이어《테라키Terakki Gazetesi》등 여성의 권익을 옹호하는 신문들이 여럿 생겨났다.《테라키》는 서구 페미니스트들의 활동을 주요 기사로 다루었고, 오스만 제국 여성들이 본보기로 삼을 만한 이상적 사례로 영국 여성들을 소개하기도 했다.《테라키》가 간행된 후 여성을 위한 신문과 잡지가 줄지어 생겨났는데, 특히 1895년 간행된《여성만을 위한 신문Hanımlara Mahsus Gazete》은 집필진이 모두 여성이었으며, 현모, 양처, 독실한 이슬람 신자를 주요 이슈로 다루었다.

구습 타파와 새로운 세대 구현의 상징이었던 신여성은 새로운 시대를 실현하고자 낭만적 사랑과 자유연애를 추구했다. 초기 신여성들은 전통적 사고에서 벗어나지 못하는 한계를 보이기도 했으나, 이후 여성의 자유와 평등을 논의하는 과정에서 성과 사랑에 초점을 맞춰 매우 급진적인 태도를 보였다. 신여성의 이미지는 그 장단점을 떠나서 근대적인 여성상 자체였으며 나아가서는 직접 근대성을 형성했다. 특히 이들이 보여주었던 연애 및 결혼관의 변화와 새로운 성 담론은 단순히 성적 차이를 논하는 수준을 넘어섰다. 이들의 담론은 사회·경제적 문제, 정치적 문제, 문화적 문제를 모두 포괄했기에 사회 개혁과 연결되었고, 그 결과 신여성의 출현은 커다란 사회적 의미를 띠게 되었다. 비록 신여성은 사회적 물의를 일으켜 급격하게 퇴조했지만 봉건적 남녀 관계에 대한 그들의 저항은 근대성에 맞는 새로운 이데올로기 및 성 담론의 모색 그리고 근대적 주체의 형성이라는 맥락에서 이해해야 한다. 특히 신여성을 통해 남성 중심주의적인 이슬람 이데올로기에서 벗어나 근대적 남성 주체의 모습을 재구성하려는 여성 주체의 모습을 파악할 수 있기에 그들의 시도는 봉건과 구습에 대한 저항으로서 중요한 의미를 지닌다. 당시 사람들은 신여성의 존재에 형언할 수 없는 동경의 시선을 보냈지만, 동시에 성적으로 부정한 여자라고 비난하면서 그들을 소외시켰고 심지어는 사회적으로 매장시키기도 했다. 이러한 이중성은 깊이 연구될 필요가 있다.

터키에서 근대화 개혁과 서구의 해방된 여성상은 그 당시 지식인의 문화적 이상이었으므로, 터키 여성들도 자신의 욕구와 개인주의를 추구해야 할 가치로 삼았다. 신여성은 홀로 서는 인간, 즉 개인을 자아상으로 삼음으로써 해방된 여성의 근대적 심리를 추구했다. 또한 여성 문제를 시대적 문제로 파악하면서 '개인'과 '인간'으로서 여성을 자각했고 남녀평등 사상을 발전시키려 했다. 신여성은 근대의 상징이었으며 흠모의 대상이었고, 새로운 여성상으로 제시되면서 긍정적으로 부각되었다. 신여성은 새롭고 감각적인 멋과 지식의 소유자이기도 했다.

터키의 신여성들은 '알라프랑가 여성'이라고 불렸는데, '유럽의 영향을 받은 여성'이라는 뜻이었다. 그녀들은 과감히 차도르를 벗어던졌기 때문에 외모에서부터 구여성과 구별되었다. 또한 과거 여성의 영역이었던 하렘에서 벗어났으며, 여성의 격리를 받아들이지 않았다. 집에 초대된 남성들과 차를 마시며 자유로운 토론을 즐기기도 했다.

해방된 신여성의 근대적 이미지는 무엇보다도 낭만적 사랑의 실현과 연애결혼의 실천으로 부각된다. 과거 공동체 윤리와 법에 따라 미분화되어 성립되었던 사랑의 감정은 근대에 이르러 개인의 사적 영역에 존재하게 된다. 그뿐만 아니라 19세기에 이르러 사랑은 범세계적인 문제가 된다. 사랑의 세기였다고 해도 과언이 아닐 만큼 수많은 연애 사건이 탄생한 것이다. 사랑은 귀족의 특권이 아닌 만인의 공동재산이 되었다. 인류의 형식으로 제도화되어 있던 사랑은 욕망의 정치경제학에 종속되었다.

근대화 후발국에서 연애는 서구식 교육을 받은 신여성이 실천해야 하는 가장 중요한 과업 중 하나였다. 무엇보다도 연애에는 개인과 주체의 형성이라는 의미가 내포되어 있었다. 그럼에도 불구하고 신여성들의 연애는 결혼으로 완결되었다. 당시 근대 부르주아였던 신여성 대부분이 생득적 지위를 유지하기 위한 수단으로 연애결혼을 선택한 것은 서구 계몽주의 시대의 낭만적 사랑이 연애결혼으로 이어지면서 시민계급이 부르주아 시대를 맞이했던 것과 크게 다르지 않다. 신여성들의 낭만적 사랑은 결혼이라는 제도 안에 안착할 때만 의미를 지닐 수 있었다. 결과적으로 신여성들의 낭만적 사랑은 근대성을 실천하고자 하는 주체적 의지였음에도 불구하고 근대 부르주아 계급을 재생산하는 역할을 수행하는 데 그치고 말았다.

근대성을 실현하고자 했던 신여성의 순수한 욕망은 단순한 성적 일탈로 비춰졌다는 한계가 있었다. 자유연애나 성에 대한 급진적 태도는 유교 사회에서처럼 이슬람 사회에서도 이질적인 것이었기 때문에 신여성은 외부에서 유입된 이방인과 다름없었다. 결국 지배 담론은 이방인을 제거하는 방법을 택했다. 성과 사랑에 대해 진보적 태도를 취한 신여성을 매장시킴으로써 내부의 완전성을 유지한 것이다. 그리고 완전함에 대한 환상은 오이디푸스기 이전의 어머니에 대한 상상적 고착 관계로 환원되었다. 진보적 지식인들은 모성 담론과 여성에 대한 탈성화desexualization 전략으로 근대를 재구성했다. 유교 사회에서처럼 이슬람 사회에서도 전통은 모성 담론으로 이어졌으며, 신여성의 근대성 실현은 좌절되고 말았다.

당시 남성들이 서구에 대해 사디스트적 태도를 갖고 있었고 내부적으로는 오이디푸스기 이전 단계에 고착되어 심리적으로 분열되어 있었던 것이 그 이유였다. 진보적 지식인들이 신여성의 등장을 요구하고 환영했던 것은 마치 '새로운 철도 도입'처럼 문명의 진보를 과시하고자 했기 때문이었다. 서구에서 유입된 지배 담론을 국내에서 집행하고 생중계하는 역할을 담당하고자 했던 진보 지식인들이 진심으로 여성의 해방과 지위 향상을 원했던 것은 아니었다. 민족주의 기획에 의한 여성 해방이란 민족이라는 이름에 여성이 용해되는 것을 의미했다.

제3세계 국가에서 근대주의적 개혁론자들이 적으로 삼았던 것은 외세가 아니라 그들이 속한 국가의 낙후된 상황이었다.

그들은 정치적으로는 서구와 식민 지배에 대립했지만 문화적으로는 서구 문명에 적대적이지 않았다. 터키의 개혁론자들역시 그들의 패배가 낙후된 이슬람 문명 때문이라고 생각했다. 그들은 유럽을 찬미했다. 이러한 사고는 사회진화론적 세계관으로 설명된다. 서구처럼 문명화된 나라로 진보하려면 여성해방은 민족 갱생 차원에서 중요하게 거론되어야 했다. 그러나 문명화를 추진하고 진보를 완성시키더라도 민족 정체성은 과도하게 희석하면 안 되었다. 민족 정체성의 핵심 상징은민족 정체성을 오염시키는 외세의 영향으로부터 안전하게 보호받아야 했다. 그리고 그 상징적 대상은 여성과 여성의 지위였다. 그러한 의미에서 신여성들은 새로운 문명을 상징하는 트랙터나 새로운 철도와 다르지 않았다. 남성들의 성취를 상징할 뿐이었다.

민족주의는 남성의 지배 담론이자 남성의 완전성을 의미했다. 데니즈 칸디요티Deniz Kandiyoti는 여성과 민족주의/국가와의 관계 속에서 여성이 근대적 민족성에 통합되는 과정은 남성이 통합되는 과정과 다르다고 주장한다. 남성이 민족을 우선으로 여긴다는 사실은 국가 자체가 남성의 이해관계를 직접적으로 대변한다는 것을 입증한다. 따라서 근대화 후발국에서 신여성의 새로운 성 담론 모색이 실패한 것은 예정된 결과였다. 근대적 주체로서 가부장제에 저항했던 신여성의 성 담론은 지배 담론에 대한 도전이었으며, 근대적 민족의 탄생에 역행하는 개념이었다. 새로운 상상적 공동체인 '민족'의 탄생을 위해서 여성은 어머니 또는 정숙하고 충실한 아내에 머물러야 했던 것이다. 여성은 민족적 차이와 경계를 재생산하고 문화를 전달하는 역할을 담당해야 했다. 이에 도전하는 여성은 절대 용납될 수 없었고, 마녀사냥의 과정을 거쳐 근대 부르주아의 이데올로기를 강화하는 민족 담론의 칼날에 좌절되고 말았다. 결국 신여성은 모성 이데올로기와 여성들의 탈성화 전략하에서 '현모'와 '양처'로 거듭나게 된다.

신여성의 새로운 성 담론은 어디까지나 서구에서 들여온 외부적이고 이질적인 요소였다. 민족이라는 남성적 논리에서 볼 때 결혼의 영역 바깥에 있는 남자와 잠자리를 갖는 여성은 상징적 우주 속에서 참을 수 없는 광경이며 공개된 흠집이었다. 또한 이는 남자들의 세계가 완전하지 못하다는 것을 의미했고, 그녀들이 불완전하거나 완전히 그의 것이 아니라는 사실을 저속하게 상기시켰다. 이러한 상황을 처리하는 방법으로는 두 가지가 있었는데 여성을 실제로 죽이거나 사회에서 추방하는 것이었다. 성적 자유를 주장했던 여성이 사회적으로 매장당하고 배제되었던 것은 바로 완전성을 믿는 남성적 논리 때문이었다. 라캉Jaques Lacan에 따르면 남성에게 있어 여성은 '소유have'의 층위가 아니라 '존재be' 그 자체다. 따라서 여성이 가족이나 민족의 경계를 흐리는 성행위를 하는 것은 곧 남성의 존재 자체가 위협받는 것이며, 남성의 완전성이 훼손됨을 의미한다 .

그렇다면 여성들은 왜 민족 담론의 논리를 수동적으로 받아들였을까? 프랑스의 기호학자 줄리아 크리스테바Julia Kristeva는 이를 '자기 동일시'로 설명한다. 크리스테바는 여성들이 남근적 어머니 혹은 절대적 여성과 동일시함으로써 가부장제의 질서에 기여했다고 지적한다. 크리스테바는 자아와 타자의 경계에 관심이 있었는데, 경계선에 대한 관심은 곧 관계에 대한 관심이라 할 수 있다. 여기에서 독자적으로 '상호테스트성intertextuality'이라는 개념이 생겨난다. 그리고 이 개념은 '상상계' 대신 '기호계semiotic'라는 개념을 낳는다. 기호계는 그 안에 경계를 포함하고 있는 것으로, 크리스테바의 정신분석에서 분석 주체는 분석되는 사람이면서 동시에 분석하는 사람이다. 그녀는 상징 질서에 진입하는 것이 대상object에 대한 확실성을 갖는 것이라고 보고, 이의 기호학적 특성을 나타내기 위해 '비체abject, abjection'라는 개념을 사용한다. 비체는 주체도 객체도 아닌 것을 나타내는 개념으로, 상징적인 동시에 물질적이다. 이 개념은 크리스테바가 말하는 '거부' 및 '저항'과 연결된다. 그녀의 이론에서 아버지를 거부하고 어머니에게로 돌아서는 것은 상징계 안에서 획득한 정체성을 거부하고 기호계 안의 비체로 돌아서는 것을 의미한다. 크리스테바는 가부장제가 얼마나 어머니 신화와 환상에 의존하고 있는지를 살펴야 한다고 주장했으며, 모두를 감싸주는 자궁이자 궁극적인 평화/죽음을 의미하는 전지전능한 어머니가 남근적 상징계로부터 도망치고자 하는 주체의 모든 시도를 어떻게 무화시키는지 살펴야 한다고 지적했다. 그리고 서구 사회가 성모마리아 숭배를 통해 어머니를 이상화함으로써 남성과 여성 모두로 하여금 가부장적 사회질서를 동일시하게 만들었다고 주장한다. 그녀에 따르면 성모마리아에 대한 숭배는 '자기 동일시'에 대한 남성과 여성의 욕망 모두를 만족시킨다. 꿈꾸어진/기억된 어머니의 사랑, 이제는 자기의 것으로 완전히 전유된 어머니의 사랑을 통해 남성은 자아를 형성한다. 여성은 성처녀와의 동일시를 통해 '여성의 정체성뿐 아니라 상징계와 사회적 질서를 지키는 위치를 갖는 소망'을 충족한다. 물론 성모마리아를 통해 보장되는 남성과 여성의 '자기 정체성'은 상상계의 영역에서 만들어진 환상일 뿐이다. 전체적이고 분리되지 않은 정체성은 환상이다.[1]

이런 맥락에서 가부장제와 식민주의가 만나는 지점이었던 근대화 기획은 민족 담론의 상상적 허구 속에서 남성의 환상과 강박에 따라 진행되었다고 볼 수 있다. 근대적 산물로서 국가와 민족을 상징했던 신여성은 남성의 환상에 따라 탈성화되어 민족 담론 내부에 갇혔으며, 여성과 남성 모두가 탈성화된 모성 이데올로기를 내면화함으로써 근대 민족이 탄생했다. 기존의 봉건적 성 담론이 근대성의 논리로 재구성된 배경에는 민족 담론의 허구적 강박과 이에 대한 남성과 여성의 '자기 동일시'가 작동했다.

터키의 경우 근대적 여성성의 형성이 터키의 시대적·역사적 배경과 무관하지 않다. 터키에서 근대적 여성성은 공화국이 출범하면서 터키 민족주의가 주장하는 여성상으로 이어졌다. 따라서 터키의 근대화 개혁과 함께 전개된 여성의 지위 변화와 국내외 상황을 점검해볼 필요가 있다.

터키의 근대화 개혁은 무스타파 케말Mustafa Kemal(케말 파샤 아타튀르크)이 공화국을 선포하면서 가속화되었다. 서구 열강의 틈새에서 신음하던 터키는 술탄제를 폐지하고 공화국을 수립함과 동시에 모든 분야에 걸쳐서 혁신적인 개혁을 추진했다. 그 결과 칼리프 제도가 폐지되어 이슬람 세계의 정신적 구심체가 사라졌다. 초기에는 이슬람을 국교로 채택하기도 했으나, 결국 이 조항은 삭제되어 터키는 다시 세속적 공화국이 되었다. 당시 사람들은 터키가 서구 문명과 근대화를 받아들이지 못했기 때문에 서구 열강에게 패배했다고 생각했다. 이 때문에 터키의 국부國父 케말 파샤 아타튀르크는 이슬람을 과감히 청산해야 할 과거의 묵은 유산으로 받아들였다. 그 이후 터키는 여섯 개의 기본 원칙, 즉 공화주의, 민족주의, 국민주의, 국가주의, 세속주의, 개혁주의를 국가정책의 이념으로 표방했다. 아타튀르크는 서구화를 표방하는 것만이 터키가 살아남을 수 있는 유일한 방법이라고 믿었으므로 그에게 근대화는 곧 서구화이자 세속화였다. 산업화된 유럽을 따라잡기 위해서 이슬람이라는 과거를 청산하고 유럽을 모방해야 한다는 것이 당시 아타튀르크주의자들의 판단이었다. 여성 문제도 예외가 아니었다. 근대화가 여성 문제와 직결된다는 판단하에 이루어진 아타튀르크의 개혁은 여성 문제에 관해서도 파격적이었다.

기울어가는 오스만 제국을 청산하고 터키 공화국을 출범시키는 원동력이 되었던 독립운동에서도 여성은 간호병과 교사 등으로 활약하며 큰 기여를 했다. 집 안에 격리되어 있던 여성의 삶이 집 밖과 공적 영역으로 진출할 수 있는 계기가 비로소 마련된 것이다. 독립운동에서의 여성들의 활약은 공화국 출범과 더불어 여성 개혁으로 이어졌다. 아시아 국가들 중에서 가장 먼저 근대화를 실행한 터키는 1920년대에 들어오면서 급진적인 사회 변화를 경험했다. 공화국 선포에 이어 1926년 2월 제정된 근대 민법은 여성에게 파격적인 권한을 부여한 선진적인 법률이었다. 가장 중요한 몇 개의 조항은 다음과 같다:

1. 법률적인 남녀는 평등 명시 (제8조 10항)

2. 일부다처제 금지 (제112조)

3. 남녀 모두의 이혼청구권 인정 (제129, 130, 131, 132, 133, 134조)

4. 부부재산별산제 인정 (제186조)

5. 여성의 동등한 상속권 인정 등[2]

세속주의와 서구화를 지향하는 국가정책은 전 국가적인 차원에서 광범위한 파장을 일으켰고, 거의 모든 분야에 혁신과 개조의 바람이 불었다. 무스타파 케말 아타튀르크가 차도르 금지령을 내리면서 터키 여성의 위상도 새롭게 정립되기 시작했다. 겉으로 드러난 측면만을 보면, 공화국 출범 후 터키 여성은 다양한 분야에서 직위를 확보하고 성장할 수 있는 토양을 확보했다. 이것은 초대 대통령 아타튀르크의 가치와 이념에 부합하는 것이었다. 하지만 터키에서의 여성 해방은 그야말로 위로부터의 개혁이었다. 터키에서의 여성 혁명과 제도 개선은 철저하게 민족해방의 차원에서 이루어졌으며, 따라서 여성이 민족의 알레고리로 사용될 수밖에 없다는 한계를 안고 있었다.

남성적 가치를 중심으로 진행된 근대화와 민족 담론 안에 여성을 위한 공간은 존재하지 않았다. 터키는 제국주의에 대한 저항으로 전통과의 단절을 의미하는 반反이슬람 세속주의 노선을 취했으나, 이는 여성의 희생을 담보로 남성 중심적 가부장제 이데올로기를 전제한 것이었다.

신여성들은 각성된 자의식과 전근대적인 가부장제 사이에서 분열을 경험했다. 배운 것을 써먹고 성공한 인생을 사는 방법은 근대적인 가정을 꾸려 근대적 현모양처로 사는 것뿐이었다. 새로운 공화국의 이념 아래 이루어진 여성 개혁은 국가와 민족의 생존이라는 기치를 걸고 남성이 기획한 것이기에 가부장제의 틀에서 벗어날 수 없었던 것이다.

전통적 가치인 이슬람을 과거의 유물로 여겨 청산해버리고 과감한 세속화와 서구화 정책으로 민족주의를 추진해 나갔던 터키의 여성들도 다른 이슬람 국가에서와 마찬가지로 국가와의 관계에서 자유롭지 못했다. 여성들이 반제국주의를 근거로 삼은 민족해방운동에 적극 개입하고 참여함으로써 지위를 향상시키고 공적 영역에 진출할 수 있었다고 해도, 근대국가의 수립은 구조적인 모순과 불평등을 전제하고 있었기 때문이다.

이처럼 근대국가 출범에 이용된 민족 담론은 남성의 여성 통제를 기반으로 삼았다. 이런 상황에서 여성의 섹슈얼리티를 통제하는 것은 필연적이었다. 이는 가부장적 남성성을 강화하고 여성을 지배할 권리를 남성에게 부여한 것이었다. 서구 제국주의에 대한 저항 논리와 민족 독립의 논리 속에서 여성의 분리는 불가능했다. 민족주의와 여성해방의 모순된 결합을 통해 민족 독립과 근대국가의 수립은 가속화될 수 있었다. 그러나 공화국 이념과 그에 따른 여성해방은 결국 가부장제의 대의에 봉사하는 여성들을 양산해냈을 뿐이며, 그로 인해 여성들의 '차이'는 더욱 증폭될 수밖에 없었다. 또한 여성으로서 진정한 자아 발견의 기회를 갖지 못한 여성들은 자의식의 분열과 내적 갈등을 겪었다. 제국주의에 대한 저항과 근대화를 병행해야만 했던 터키에서 근대적 주체로서 여성의 정체성을 모색하고 이상적인 여성상을 창조하는 작업은 대단히 복잡하고 험난한 여정 속에서 진행되었던 것이다.

1   Kelly Oliver, *Ethics, Politics and Differnces in Julia Kristeva's Writing*(New York: Routledge, 1993), pp. 180~185.

2   www.mevzuat.adalet.gov.tr ; 터키 민법의 최종 개정판은 2001년 11월 22일 개정된 민법 'Türk medeni Kanunu Kanun no. 4721'이다. 이 민법에는 여성에 대한 훨씬 진보적인 법률 조항이 담겨 있다. http://www.tbmm.gov.tr/kanunlar/k4921.html 참조.

신여성의 성과 낭만적 사랑

소설 《한단》을 중심으로

제1차 세계대전 이후 서양에서는 여성에 대한 담론 구조가 획기적으로 변화했으며, 여성의 사회적 역할도 바뀌었다. 아시아에서 가장 먼저 근대화 개혁을 이룬 터키에서도 기존 오스만 – 이슬람 전통을 뒤흔드는 새로운 계층이 생겨났고, 그 결과 전통을 고수하는 계층과 서구화를 전면적으로 표방하는 알라프랑가 계층으로 나뉘었다. 더불어 이슬람 전통에 입각한 여성 담론은 점차 힘을 잃어갈 수밖에 없었다. 1908년 두 번째 메슈루티엣Meşrutiyet 칙령이 선포된 이후 교육의 기회가 확대되었으며, 1920년대부터 본격적으로 서구화가 이루어지면서 알라프랑가 여성이 등장했다. 알라프랑가 여성은 신교육을 받은 여성으로 남녀평등 사상을 받아들였으며 활발한 사회 참여를 통해 사람들을 계몽하는 역할을 담당하기도 했다. 이렇게 근대적 주체로 급부상한 알라프랑가 여성은, 남성중심주의 사회에서 정조 이데올로기에 정면으로 대항함으로써 부정적인 이미지를 낳기도 했다.

일부 이슬람 국가에서도 근대화 이후 알라프랑가 여성 계층이 형성되었으나 하나의 담론으로 자리를 잡지는 못했으며, 알라프랑가 여성의 문제를 근대성과 관련지어 연구하기보다는 개화와 더불어 출현한 변화의 한 양상으로만 치부했다. 알라프랑가 여성은 봉건적인 남녀 관계에 저항함으로써 봉건적 구습을 깨뜨리고 서양의 영향을 받으며 자유연애를 정착시켜 나갔다. 근대성에 맞는 새로운 이데올로기와 성 담론을 모색한 알라프랑가 여성은 근대적 주체를 형성했다는 점에서 의미가 있다. 또한 이슬람의 남성중심주의 이데올로기에서 남성 주체를 파악하고 근대적 남성 주체를 재구성하려고 시도했기에 저항의 측면에서 중요한 의미를 지닌다.

터키에서 알라프랑가 여성이 등장한 배경과 그 의미

19세기가 되자 14세기 초에서 20세기 초까지 이슬람 세계의 종주국이었던 오스만 제국에도 근대화와 개혁의 바람이 불기 시작했다. 한편 19세기 후반과 20세기 초반 프랑스와 영국 등 유럽 국가에서 서구식 교육을 받은 터키의 진보적 지식인들은 '유럽 여성'을 동경하게 되었다. 이들이 터키 여성도 변화해야 한다고 주장하면서 여성 문제에 참여하기 시작하자 터키 여성의 '해방'에 대한 논의가 가속화되었다. 이 당시 여성 문제는 민족의 경제적·문화적 차원에서 거론되었으며, 여성들만의 위민 소사이어티women society가 형성되었다.

1863년 '여성 사범학교' 및 1875년 '미국식 여성 콜레지' 등 서양식 학교가 세워졌으며, 특히 1908년 두 번째 메슈루티엣 칙령이 반포된 이후 여성의 교육 문제가 중요한 논제로 부각되면서 교육을 받은 여성이 하나둘씩 늘어나게 되었다.

이렇듯 유럽의 도시 여성에 대한 열망이 서구화 정책에 힘입어 '알라프랑가 여성'을 탄생시키기에 이르렀다. 세련된 서구 교육을 받은 도시 여성에 대한 열망은 무스타파 케말이 공화국을 선포하고 터키의 근대화가 본격적으로 진행되면서 더욱 커졌다.

알라프랑가 여성은 '서구적 여성'이란 뜻으로 근대 교육을 받은 터키의 신여성을 의미한다. 이들의 주로 가정교사에게 교육받았으며, 이후 서구식 학교에 진학했다. 알라프랑가 여성은 불어나 영어를 구사할 수 있어야 했으며 피아노를 치고 그림을 그리는 등 예술을 이해하는 감각이 있어야 했다. 이들은 전통적 여성과는 다르게 과감히 차도르를 벗어던졌으며 과거의 중매결혼 대신 자유결혼을 열망했다. 여성 스스로의 의지에 따라 상대방을 선택하는 자유결혼은 그 자체가 여성에게 해방으로 여겨졌다.

서구식 근대 교육을 받은 알라프랑가 여성은 터키의 탄지마트 개혁부터 독립전쟁에 이르기까지 여성의 권익 신장과 지위 보장을 위해 투쟁했으며, 여성의 계몽과 민족의 자주독립에 크게 공헌했다. 그러나 알라프랑가 여성이 주장하는 여성의 역할은 어디까지나 현모賢母이자 양처良妻였으며, '올바른 이슬람 여성'과 철저한 이슬람 성도덕에 준거한 것이었다. 정치·경제적인 면에서 여성이 남성과 동등한 지위를 확보해야 한다는 주장이 정절 이데올로기를 부정한 것은 아니었다. 점차 서구화가 보편화되면서 정절 이데올로기를 부정하고 성도

덕에 반기를 드는 알라프랑가 여성이 생겨나자 알라프랑가 여성은 남성뿐 아니라 여성에게도 소외되고 말았다.

낭만적 사랑 및 결혼관 모색의 한계와 신여성

근대 이전에 사랑은 인륜의 형식으로 제도화되어 있었다. 부부유별 또는 의리의 차원으로 사랑을 설명하는 것이 그 예다. 하버마스Jürgen Habermas는 근대화의 과정이 법과 도덕의 분리의 과정과 일치한다고 주장한다. 도덕은 점점 탈제도화되어서 내면적인 태도를 규제하게 되며 오직 인격 체계와 관련을 맺게 된다. 그리고 법은 외부에서 부과된 힘으로 발전한다. 그러므로 국가가 만든 법은 법관의 윤리적 동기와는 무관하며 법에 대한 추상적 복종에만 의존하는 하나의 제도가 된다. 전근대적 사랑의 감정은 공동체의 윤리로서 법의 차원으로 미분화되어 성립하는 반면, 근대의 사랑의 논리는 개인의 사적 영역에 존재한다.

근대의 낭만적 사랑에서 가장 획기적인 변화는 상대방의 개성을 발견한 것이라고 할 수 있다. 다른 사람을 사랑하는 것은 그가 직위가 높거나 미인이어서가 아니다. 남에게서는 결코 발견할 수 없는 어떤 특성이나 의미를 그에게 발견하고 감정적으로 끌리는 것이다. 단순한 육체적 사랑을 비판하는 것 역시 낭만적 사랑의 한 특징이다. 종래에는 선남선녀만 할 수 있었던 사랑이 근대 이후 소설에서는 평범한 주인공들의 감정의 교류가 되었다.

터키의 여성 작가 할리데 에딥 아디바르Halide Edip Adıvar는 소설 《한단Handan》(1912)에서 낭만적 사랑을 모색하고 자유결혼을 희망하지만 결국 구시대의 가치관에서 헤어나오지 못하는 신여성의 한계를 비판한다.

이 소설은 주로 레픽 제말과 그의 약혼녀 네리만 사이의 편지글로 이루어져 있으며 주인공인 한단은 편지 속에서 드러난다. 한단은 네리만의 고모로, 네리만과 함께 유년 시절을 보냈다.

한단은 개화 사상을 주장하는 아버지의 세심한 배려로 어려서부터 신학문을 접할 수 있었다. 영어, 불어, 사회학, 문학 등 다양한 분야의 학문과 언어를 공부했으며, 그 어떤 분야에서도 깊이 있는 정치적 토론을 할 수 있을 정도로 지적이고 감수성이 예민했다. 또한 피아노를 치고 테니스를 즐기는 등 서구 문물과 문화를 수용하고 있었다. 한단의 가정교사였던 나즘은 혁명을 꿈꾸는 이상주의자로, 사상적으로 많은 것을 공유했던 한단이 훌륭한 동지가 될 수 있을 거라고 믿고 청혼한다. 하지만 낭만적 사랑으로 결합하기를 바랐던 한단은 동지적 결합을 받아들일 수 없었기에 청혼을 거절한다. 그리고 갑작스럽게 나이도 많고 돈도 많은 휘스뉘 파샤와 결혼해버린다.

한단은 휘스뉘 파샤와의 결혼 생활에서 행복을 느끼지 못한다. 휘스뉘 파샤 역시 사랑 때문이 아니라 부르주아인 한단의 재력에 눈이 멀어 한단과 결혼한 것이었다. 휘스뉘 파샤는 지적이고 감수성이 예민한 한단을 견디지 못한다. 결국 싸움이 반복되고 휘스뉘 파샤는 한단에게 언어폭력을 일삼는다. 마침내 휘스뉘 파샤는 여러 여자들과 딴살림을 차리고 집에 오지조차 않는다.

한단의 불행한 결혼 생활을 전해 들은 나즘은 한단이 다시 자신에게 돌아오기를 바라지만 한단은 나즘의 제안을 또다시 거절한다. 투쟁을 계속하던 나즘은 자신이 집필한 잡지 때문에 구속되고, 한단에게 편지 한 장을 남긴 채 자살한다.

우여곡절을 겪으면서도 한단은 남편에게 충실하려 애쓰며 정절을 지킨다. 그러나 한단은 조카인 네리만의 남편과 헤어 나올 수 없는 사랑에 빠지게 되고, 그 죄책감과 고통을 견디지 못해 신음하다가 마침내는 병에 걸려 죽고 만다.

작가는 이 소설에서 한단이라는 알라프랑가 여성을 통해 낭만적 사랑과 결혼관을 모색하지만 동시에 봉건적 가부장제 이데올로기에서 벗어나지 못한 신여성의 한계를 비판적으로 그려낸다.

서구식 문화를 수용했던 집안에서 태어난 덕에 문학, 역사, 철학 등의 서양 학문과 영어, 불어, 아랍어 등의 외국어를 배울 수 있었던 한단은 가정교사인 나즘과 정치 문제를 놓고 깊이 있는 토론을 벌인다. 그러면서 사랑도 무르익어, 둘은 깊은 감정적 유대를 맺게 된다. 사회주의자이며 무정부주의자인 나즘의 청혼은 다분히 동지로서의 선택이라는 의미를 갖는다.

"한단 씨, 제 청혼을 받아주십시오. … 우리의 결혼은 다른 사람들처럼 평범하지는 않을 것입니다. 물론 다른 여자들이 원하는 그런 결혼이 아니라는 것은 잘 압니다. 그러나 당신은 직업이나 돈이 아닌 사상과 대의명분에 동참해줄 수 있는 그런 사람입니다. 그래서 감히 용기를 내서 당신께 청혼하는 것입니다. … 나는 사회주의자이며 혁명가입니다. 내 인생도 어떻게 될지 나도 모릅니다. … 어쩌면 가까운 시일 내에 수많은 사람들이 피를 흘리게 될

지도 모릅니다. 부디 당신도 동참해주세요."[1]

나즘의 청혼은 이 시기 지식인들이 열망했던 '자유연애'를 실현하고자 하는 주체적 의지로 해석할 수 있다. 전근대적 중매혼을 탈피하고 근대적 삶을 추구하던 지식인으로서 나즘의 청혼은 너무나 당연한 선택이었다. 그러나 혁명적 사상에 동지로서 동참하라는 나즘의 청혼은 한단을 몹시 실망시키고 만다. 혁명가로서의 삶은 근대 부르주아인 알라프랑가 여성이 받아들이기에는 너무 힘든 것이었으며, 낭만적 사랑으로 결합하고 싶다는 한단의 꿈과도 상당히 달랐다.

한단은 부르주아적 삶에 대한 동경을 명예와 재산을 가진 남자와의 결혼을 통해 실현하려 한다. 한단이 은퇴한 외교관인 휘스뉘 파샤와 결혼한 것은 생득적 지위를 지키기 위해 집안 대 집안이 결혼하는 것과 다르지 않다. 한단이 근대적 주체로서 자유연애를 통해 배우자를 선택하고자 했을지라도 그 선택을 그다지 올바르다고 볼 수는 없다. 물론 남성을 통하지 않고서는 여성이 사회적 자아를 실현할 수 없었던 시대 상황상 그러한 선택은 불가피했을지도 모른다.

한단의 급작스러운 결혼은 주위 사람들에게 의심을 불러일으킨다. 나즘과의 관계가 막 끝난 시점이었기에 주변을 의식할 수 밖에 없었고 이성적으로 행동할 수가 없었던 것이다.

"웬 썰렁한 결혼식이람. 웨딩드레스도 안 입고 말이야. 신부는 신경질적이고…"[2]

한단은 휘스뉘 파샤를 통해 사회의 통념에서 벗어나고자 했지만 결국 그럴 수 없었다. 도망치듯 떠난 유럽에서도 적응하기가 쉽지 않았다. 한단은 유럽에서 그저 동양 여자일 뿐이었다.

남편을 벗어날 수 없는 동양 여성의 한계는 한단과 휘스뉘 파샤의 관계에서 역력히 드러난다. 결혼한 지 그리 오래지 않아 두 사람의 관계는 멀어지고, 휘스뉘 파샤는 자신보다 훨씬 높은 식견을 가진 한단을 괄시하기 시작한다. 휘스뉘 파샤가 여러 명의 정부를 두고 사는데도, 결혼을 신성하게 생각하는 한단은 남편의 마음을 돌리려고 갖은 노력을 다한다. 심지어 런던에서 살 집을 구할 때 남편과 정부가 머무는 호텔 가까이에 얻는 등 지나친 배려를 한다. 남편에 대한 이러한 집착은 결혼이 유일하고 절대적이라고 믿는 한단의 결혼관에서 기인한다.

"여자든 남자든, 특히 여자의 일생에서 두 남자는 있을 수 없어. 그러니 한 여자에게 한 남자란 절대적으로 필요한 존재지. … 그래, 맹세하건대 내 인생에 남자는 한 명뿐이야.[3]

가부장적 질서에 대한 한단의 집착은 서구식 교육을 받았을지라도 의식은 전통적 사고에서 벗어나지 못한 신여성의 한계를 보여준다. 수차례 남편에게 버림받으면서도 남편에게서 벗어나지 못하는 한단의 삶은 주체적인 여성의 삶과는 매우 거리가 멀다. 남편에게 종속된 삶은 한단을 정신적·육체적으로 소멸시킨다. 결국 그녀의 몸은 근대를 주체적으로 수용하는 데 실패한 전근대적 잔재물이었을 뿐이다.

감정적 사랑에 대한 한단의 동경은 조카의 남편인 레픽을 사랑하게 되면서 누수처럼 터져 나온다. 조카의 남편을 사랑한다는 죄책감과 소유할 수 없는 사랑에 대한 욕망은 결국 한단을 죽음으로 이끌고 만다. 한단은 봉건적 잔재를 붙들고 씨름하다가 자신이 그토록 원했던 낭만적 사랑을 사회에서 허용되지 않는 불륜으로 폭발시킴으로써 자신의 삶을 소멸시키고 말았던 것이다. 한단의 남편이 봉건적 규범의 표상이라면, 그녀가 사랑했던 레픽은 근대적 욕망의 표상이다. 결국 한단은 두 욕망 사이에서 표류하며 제자리를 찾지 못하고 사회의 통념 속에서 희생되었다.

반면 한단의 조카 네리만은 신교육을 받은 알라프랑가 여성임에도 불구하고 전통적 여성상을 추구한다. 소설 속에서 남성에게 순종하고 헌신하는 네리만은 '덜 똑똑하기에 남편의 사랑을 받을 자격이 있는' 여성으로, 한단은 지나치게 똑똑하기 때문에 '남편에게서 버림받은' 여성으로 그려진다. 차도르를 벗어던졌지만 전근대적인 사고를 가진 네리만은 전통적 여성에서 근대적 여성으로 이행하는 과정에서 나타나는 전형적인 사례를 보여준다.

이 시기 여성들은 서구 문물을 받아들이고 서양 학문을 익히기는 했지만, 그러한 교육의 기회마저도 본인의 의지로 얻은 것이 아니었다. 교육은 서구 사상을 일찍부터 수용한 개화기 부르주아 부모가 자녀에게 베푼 특권이었다.

전근대의 윤리관을 본질적으로 탈피하지 못했던 1910년대에는 지식인과 신여성 사이에서 '사랑'의 문제가 근대화 추구의 전면에 등장한다. 낭만적 사랑에 의거한 자유연애 결혼은 이들이 채택한 새로운 결혼 제도였다. 그러나 이들이 추구한 낭만적 사랑은 결국 중매혼의 범위를 크게 벗어나지 못했으며, 터키의 알라프랑가 여성도 근대적 의미로서 온전한 사랑의 주체가 되지 못했다.

새로운 성 담론 모색과 구습에 대한 도전

1920년대는 터키가 급진적인 사회 변화를 경험한 시기다. 무스타파 케말은 술탄제를 폐지하고 공화국을 수립함과 동시에 칼리프 제도를 폐지해서 터키를 본격적인 세속 국가로 만들어 나갔다. 세속주의와 서구화를 지향하는 국가정책은 광범위한 파장을 일으켰고, 거의 모든 분야에서 혁신과 개조의 바람이 불었다. 여성도 예외는 아니어서 차도르가 금지되었으며 성과 사랑에 대한 새로운 담론 모색이 요구되었다.

정절 이데올로기에 정면으로 반기를 든 알라프랑가 여성을 풍자한 작품으로는 야쿱 카드리 카라오스만오울루Yakup Kadri Karaosmanoğlu의 《소돔과 고모레Sodom ve Gomore》(1928)를 들 수 있다. 공화국이 수립되기 전 부르주아 계층의 정신적 공백과 가치관의 혼란을 보여주고자 했던 작가는 봉건적인 남녀 관계에 도전하는 알라프랑가 여성 레일라를 통해 근대화가 갑작스

레 진행되면서 미처 재정비되지 못한 성도덕의 혼란을 그려내었다.

이 소설은 독립전쟁 당시 서구에 점령당한 이스탄불의 부유한 부르주아 사회를 풍자한다. 당시 서구화와 근대화를 가장 빨리 받아들였던 부르주아는 유럽에 대한 열망으로 가득 차 있었다. 레일라의 아버지인 사미씨 역시 서구를 강력하게 열망했으며 터키의 문제는 서구 열강이 개입해서 해결해야 한다고 믿었다.

"사미씨는 탄지마트 기간에 생겨난 서구 추종자 부류 중 한 명이었다. 터키를 제외한 모든 민족이 우세하다고 믿었으며, 반드시 서구 열강이 터키 내분에 관여해야 한다고 믿었다."[4]

이러한 아버지 밑에서 자란 레일라도 몸만 터키 사람이었을 뿐 의식은 거의 서양 사람이었다. 영어를 유창하게 구사했으며 영국 사람처럼 행동했다. 그렇다고 그녀가 서양에 대해 깊이 있게 공부한 것은 아니었다. 고작 영국인 몇 명을 만나고서 서양을 안다고 믿는 것뿐이었으며, 이는 곧 레일라가 그 어느 쪽에도 속하고 있지 못함을 의미했다.

"그녀는 두 나라를 서로 비교해볼 필요조차도 느끼지 못했다. 그녀에게 영국이란 나라는 고작 자기가 알고 있는 몇몇 영국 사람에 불과했으며 그녀가 터키에 대해 알고 있는 것도 고작 자기가 살고 있는 동네에 불과했다. 그래서 최근 그녀가 알지 못하는 온갖 나라가 다 등장하자 이제는 나라도 절도 없는 떠돌이 신세처럼 되어버린 것이다."[5]

레일라와 네즈뎃은 약혼한 사이다. 그럼에도 불구하고 레일라는 영국인 장교 레드와 연애를 즐기며 자유분방한 생활을 한다. 하지만 이는 연애 행각을 즐기는 것일 뿐, 레일라는 네즈뎃도 레드도 사랑하지 못한다. 레일라와 영국인 장교 레드의 관계는 서구 남성과 식민 여성의 역학 관계로 해석할 수 있다. 식민 여성은 서구 남성을 통해서 가부장적 억압 및 정조 이데올로기에서 해방된다. 또한 레일라는 영국인 장교 레드보다는 네즈뎃을 더 사랑한다고 느끼지만 식민 지배와 피지배라는 권력 구조 속에서 과감히 네즈뎃을 선택하지는 못한다. 권력 구조에 편승해 자신의 부와 권력을 유지하려 했던 친서구 부르주아층 여성 레일라는 같은 피지배 구도 속에 있는 네즈뎃보다는 영국 장교 레드를 훨씬 매력적으로 느낄 수밖에 없었던 것이다. 이는 당시 식민 여성의 이중적 타자성과 밀접한 관계가 있다고 할 수 있다.

"네즈뎃이라는 젊은 청년을 약혼자로 둔 것은 결코 대단한 성공도 명예도 아니었다. 레드 대령을 포기하고 완전히 네즈뎃에게 돌아간다는 것은 대저택을 뛰쳐나와 단칸살림을 택하는 것과 다를 바 없었다. 허영심이 많은 레일라에게는 결코 어울리지 않는 일이었다."[6]

오랜 갈등 끝에 레일라는 결국 네즈뎃과 결혼하기로 결심하지만 네즈뎃은 레일라를 떠나고 만다. 네즈뎃과의 결별은 레일라를 분열시키고, 레일라는 복수를 꿈꾸기도 한다. 그러나 레일라를 정신적 분열로 이끈 것은 단순히 두 남자 사이의 사랑놀음에서 실패했다는 사실이 아니었다. 레일라는 서구에서처럼 성의 자유를 실행에 옮겼으나 이는 당시 터키의 사회 분위기에서는 도저히 받아들일 수 없는 방탕한 행위였다. 결국 레일라는 사회적으로 매장당하고 만다. 식민 상황에서 서구 남성과 관계를 가지면서 얻었던 권력과 자유는, 그들이 물러가고 난 후 참혹한 종말을 가져올 뿐이었다.

레일라는 서둘러 이스탄불을 떠나 영국에서 오랜 시간 머물다 돌아오지만 아무도 레일라를 받아주지 않는다. 레일라의 삶은 새로운 성도덕 모색과 서구 문화의 맹종이 낳은 실패작이었다.

서구 근대사회는 타자에게 열등하고 주변적인 위치만 부여함으로써 이항 대립을 강제한다는 특징이 있다. 그리고 남성＝서구 제국, 여성＝피식민자＝종속국이라는 이항 대립은 제국주의와 식민의 상황에서 식민지 여성을 이중적 타자로 만든다. 레일라는 어찌 보면 이중적 타자로서 근대화를 열망하고 자아를 모색했다고 볼 수 있다. 그리고 당시 제3세계 신여성들 역시 레일라와 다르지 않았다.

당시 부르주아 계층에게 자유연애 결혼이란, 기생 계층이 혈통을 유지하고 욕망을 해결하기 위해 결혼하는 것을 철저히 비판함으로써 지식인 계층에 걸맞은 성적 욕망을 재정립한다는 의미를 갖고 있었다. 이러한 맥락에서 순수하게 사랑 그 자체만을 주장했던 신여성들이 비난받은 것은 당연했다.[7] 여성에게만 순결이 강조되는 터키의 가부장적 모순을 타파하고 새로운 사상과 제도를 정립하고자 했던 신여성의 노력은 남성 중심적 제도와 인습에 의해 왜곡된 방향으로 나타나고 말았던 것이다. 근대적 심성을 성과 사랑이라는 개인적 삶의 영역에서 실천하려 했던 신여성들의 시도는 당시 사회가 신여성의 근대성을 수용할 준비가 되어 있지 않았다는 이유로 모두 사장되었으며, 신여성 또한 사회에서 매장되고 말았다. 결국 신여성의 근대화 담론은 탈성화라는 전제하에서 발전할 수밖에 없었다.

| 미주

1   Halide Edip Adıvar, *Handan*(Istanbul: Atlas Kitapevi, 1995), p. 70.

2   Ibid., p. 75.

3   Ibid., p. 150.

4   Yakup Kadri Karaosmanoğlu, *Sodom ve Gomore*(Istanbul: İletişim yayınları, 1984), p. 316.

5   Ibid., p. 317.

6   Ibid., p. 149.

7   최혜실,《신여성들은 무엇을 꿈꾸었는가》(생각의나무, 2000), 207쪽 .

페티시즘, 환상, 에로티시즘을 통해 바라본 **베일**

근대화가 진행되면서 중동의 일부 국가에서는 세속주의 정책에 따라 베일 착용을 폐지하기도 했다. 그러나 대부분의 국가에서 여성의 베일 착용은 여전히 이슬람 여성의 정체성을 구성하는 가장 중요한 요소로 인식된다. 그러한 인식의 중심에는 아직까지 민족주의가 중요한 담론으로 기능하고 있다. 이슬람 여성의 베일 착용이 서구에 대적하는 전통으로 부각되고 있기 때문이다.

가부장적 문화 구조와 민족 담론에 의해 여성에게 강제되는 베일이 이슬람 여성의 정체성을 나타낸다고 해석하는 것은 또 하나의 상상적 허구일 뿐이다. 이슬람 여성의 현실은 그러한 지배적 문화 담론과는 거리가 멀기 때문이다. 이러한 상황에서 지배적 관념인 민족 담론을 해체하고 여성주의 담론에 맞게 베일을 읽어내는 것은 결코 쉬운 일이 아니다.

서구 문화에 대한 저항으로 해석되는 이슬람 여성의 베일 착용은 서구 문화에서 배제된 이슬람 전통을 되살리는 데 기여했다. 베일이 이슬람 문화에서 지켜내야 할 정체성의 원형으로 재발견되고 있기 때문이다. 여기서 베일에 대해 몇 가지 질문을 던져볼 수 있다. 왜 베일은 베일을 쓰는 여성 개인의 경험이 아니라 이슬람을 지키려는 무슬림 전반의 경험으로 읽히고 받아들여지는가? 왜 베일 착용이 이슬람의 가장 중요한 가치로 선택되는가? 왜 이슬람 여성들의 목소리는 어디론가 사라져버린 채 베일 착용 자체가 목적이 되는가? 왜 여성만이 이슬람의 전통과 문화 정체성을 계승하는 역할을 담당해야 하는가?

민족 담론은 가부장제의 공사 개념과 결탁하면서 남녀의 성역할을 탈역사화시킨다. 결과적으로 공적 영역은 남성의 것으로, 사적 영역은 여성의 것으로 고착화된다. 여성은 공적 영역에서 보이지 않게 배제되었으나 '우리'와 '그들'의 경계를 나누는 담론의 장에서는 여성의 기능이 다시 살아난다. 민족을 유지하고 민족 간 경계를 만드는 데 여성의 재생산과 순결이 매우 중요하기 때문이다. 무슬림이 이슬람 여성에게 베일을 착용하게 함으로써 이슬람 공동체를 재현하고 자신의 존재를 드러내려 하는 것 역시 같은 이유다.

정신분석 용어를 사용해서 정리하자면, 무슬림이 여성에게 베일을 쓰게 함으로써 이슬람 공동체를 드러낸다는 맥락에서 이슬람 여성의 베일은 페티시fetish다. 페티시는 팔루스의 부재를 은폐하는 어머니의 가면이다.

프로이트는 오이디푸스 콤플렉스와 거세 콤플렉스로 인간의 성적 정체성 형성 과정을 설명했다. 이때 프로이트는 페니스의 유무에 해부학적 운명이 결정된다고 보았다. 결국 여성은 페니스를 갖지 못했기 때문에 남근 선망penis-envy을 갖게 된다는 것이다. 반면 라캉은 프로이트의 페니스 개념을 사회·문화적인 권력 개념으로 다시 정의내렸다. 생물학적 페니스 자체가 아니라 페니스에 부여하는 사회·문화적 권력이 중요하다는 것이다. 그리고 그 사회·문화적 권력이 바로 '팔루스phallus'다.

초기에 라캉은 팔루스를 거세 콤플렉스의 매개 요소로 보았다. 아이는 아버지가 팔루스를 소유하고 있다고 상상한다. 하지만 라캉은 후기로 갈수록 팔루스를 로고스, 즉 사회·문화적 권력의 상징으로 보았다. 이러한 관점에서 그러한 권력이 없는 어머니도 팔루스를 욕망한다고 볼 수 있다. 이를 눈치 챈 아이는 어머니를 만족시키기 위해 자신이 팔루스이기를 소망한다. 그리고 욕망은 결핍으로 드러난다. 무엇인가를 욕망한다는 것은 그 무엇에 대한 결핍을 느끼는 것이다. 어머니가 팔루스를 갖고 있지 않다는 것을 자각한 아이는 프로이트의 거세 콤플렉스와 구조적으로 같은 결과를 맞이한다.[1] 이때 어머니에게 팔루스가 없다는 사실을 은폐하기 위해 아이는 연물에 자신의 환상을 투사한다. 이것이 바로 페티시즘fetishism이다. 페티시(주물)는 어머니가 상실한 남근의 대체물이다. 즉, 페티시는 거세된 여성에 대한 공포, 어머니에게 팔루스가 없다는 현실에 대한 강렬한 거부감과 그 현실을 부인하고자 하는 아이의 욕망을 표현한 것이다.

무슬림 남성이 이슬람 여성에게 베일 착용을 강요하는 것도 어머니가 팔루스를 갖고 있지 않다는 것을 숨기기 위해 대체물로 페티시를 선택하는 것이라고 해석할 수 있다. 베일은 여성이 순수하고 완전하다는 이데올로기를 지속하고자 하는 무슬림 남성의 나르시시즘을 드러내며, 남성 자신도 완전하다는 이데올로기를 지속시켜준다. 공동체적 차원에서 볼 때, 베일은 사회·문화적 권력인 팔루스를 소유했던 신화적 어머니, 즉 이슬람 공동체를 상징 질서에서 가시화시키고자 하는 욕망이다. 이를 통해 과거 이슬람의 찬란했던 황금 신화 속 오이디푸스기 이전pre-oedipal 단계를 현대사회에서도 지속시키고자 하는 것이다. 남성에게 베일을 쓴 여성은 팔루스를 가진 여성을 의미한다. 이것은 남성의 환상이다. 여성의 완전성이 손상되지 않도록 보호하고자 하는 환상이다. 팔루스를 가진 어머니를 보호하고자 하는 남성 주체의 나르시시즘과 환상이 작동하고 있는 것이다.

남성 권력은 베일을 통해 여성을 향한 시선을 차단하고자 하지만 여성 주체는 오히려 그 시선을 통해 자신의 성적 주체성을 확보하며, 그 시선 속에서 자신의 몸을 팔루스로 만든다. 이는 여성 주체가 자신의 결여와 어떻게 관계를 맺는지 보여준다. 프로이트에 따르면 여성은 남근의 결여를 수줍음을 통해 메우려 한다. 이를 통해 시선을 돌리려 한다는 것이다. 그러나 이 수줍음은 그 자체로 팔루스적 성격을 갖는다Being a Phallus. 여성의 팔루스 부재는 여성의 전 신체나 신체 일부를 팔루스로 만든다. 그래서 이 신체를 덮는 것은 특별하고도 매

혹적인 효과를 낳는다.[2]

프로이트는 완전한 이상이 지배하는 남근기를 통해 성 정체성이 확립된다고 보았다. 어머니가 이상적 상을 유아에게 투사함으로써 거울 단계에서 이상적 상이 형성된다는 것이다. 남근기에 이상적 상은 자기 자신이 되는데, 이때 유아는 어머니로부터 자신을 분리한다. 이 단계에서는 아기에게 팔루스인 어머니와 어머니에게 팔루스인 아기 사이가 분리되어야 한다. 프로이트와 라캉에 따르면 팔루스는 욕망하는 존재가 되기 위해 갖추어야 하지만 항상 결여되어 있는 어떤 대상이다. 이런 의미에서 남성의 성은 팔루스적이라고 할 수 있을 것이다. 거세 공포 또한 그것을 잃어버릴지도 모른다는 공포 때문에 발생한다. 반대로 여아의 경우 두 가지 방식으로 자신의 완전성 이상을 유지한다. 첫 번째 방법은 어머니 상과 자신을 동일시하는 것이다. 이때 여아에게 아기나 인형 등이 팔루스의 대상이 된다. 두 번째 방법은 스스로를 대상으로서의 팔루스와 동일시함으로써 남자에게 매력적인 존재로 만드는 것이다. 이때 여아는 남자에게서 자신에게 결핍되어 있는 것을 찾기를 희망한다.[3]

이슬람 문화권에서 여아는 대체로 9세 정도에 베일을 착용하기 시작한다. 여성은 베일을 착용하기 시작하면서 비로소 여성성을 받아들이고, 베일을 통해 타자에게 여성임을 승인받는다.

"여성성은 가면이다"라는 리비에르Joan Riviere의 테제는 성의 이상적 모습 또한 하나의 가면에 불과하다는 것을 보여준다. 남자는 각 문화권에서 팔루스로 받아들여지는 페니스를 지닌 존재로 파악되며, 팔루스는 남자로서의 지위를 보장한다. 그러나 여자를 여성으로 존재하게 하는 표식은 없다. 그런 의미에서 라캉은 "여성은 존재하지 않는다"라고 말한다. 여성은 팔루스처럼 고정된 모습으로 존재하지 않기 때문이다. 여성이 존재하려면 팔루스적 표식이 있어야 한다. 그러나 이 표식조차도 여성의 본질적인 특성을 나타내는 것은 아니므로 여성은 비-전체not-whole가 된다. 여성은 팔루스의 대체물로만 자신을 나타낼 수 있기 때문에 팔루스의 표상 구조 속에서 완전히 포섭될 수 없는 존재가 된다.

이슬람 여성의 베일은 그들이 여성으로 존재하게 하는 표식이며, 팔루스의 대체물이다. 이 표식은 여성의 본질적인 특성을 나타내지 않기에 비-전체이며, 이슬람 여성이 베일로 상징화될 수밖에 없다는 사실 자체가 베일이 이슬람 여성과 그들의 몸의 본질을 완전히 포섭할 수 없다는 것을 보여준다.

프로이트는 단 하나의 리비도, 남성 리비도만이 존재한다고 주장함으로써 남성성을 완전한 것으로 간주하고 여성성은 남성성의 결핍이라고 보았다. 그에 따르면 여성성은 남성성처럼 완전한 것, 즉 팔루스를 추구한다.

라캉에 따르면, 여성성의 가면은 팔루스의 일시성을 지시한다. 이것은 상징계에 의해 포섭되지 않는 것, 비非존재, 상상화될 수 없는 것으로 단순한 무無가 아니다.

여기에서 존재, 비존재라는 용어는 남성과 여성 모두에게 적용된다. 팔루스가 모든 것을 규정할 수 없다면, 비존재 즉 남성 속에 '여성적' 부분이 반드시 남아 있어야 한다. 여성, 남성이라는 용어는 상상적인 방식으로 남성의 여성적 부분과 여성의 남성적 부분을 은폐하며, 이러한 논리적 측면을 간과한다.

여성성의 가면은 로고스가 포섭하고 규정할 수 없는 그 너머의 것이다. 그러므로 실체화되지 않는다. 또한 규정이 불가능한 향유이며, 여성이 도달할 수 없는 팔루스적 향유가 포획하지 못하는 향유다. 구조 지어져 있지 않은 것이 여성에게, 구조 지어진 것이 남성에게 귀속되어 있다는 전제하에 다음과 같은 해석이 가능하다. 여성은 존재에 도달하기 위해 팔루스를 희구하고, 남성은 존재 속에 계속 머물기 위해 여성의 침입을 막으려 한다. 이것이 바로 이슬람 문화권에서 여성이 베일을 자발적으로 착용하는 이유다. 여성은 남자들이 추구하는 이상적 가치를 받아들임으로써 팔루스가 되려고 하며, 이를 통해 자신의 결핍과 결여를 메우려 한다.

남성은 이슬람의 가치와 상징으로서 베일을 추구하는데, 이때 베일은 남성의 완전성을 상징하는 기표이며 남성의 결핍을 메운다. 남성은 자신의 완전성을 유지하고 존재를 보존하기 위해 여성성의 결핍과 결여를 가리고 몰아내려 한다.

완전성에 대한 환상으로서의 베일

서구 세계는 이슬람 여성의 베일 착용을 인권 억압이라고 비난하면서 가부장적 이슬람 사회로부터 여성을 '구출하고자' 했다. 그러나 문제는 가부장적 사회 속에서 여성들이 자발적으로 베일을 착용하고 있다는 사실이다. 어느 정도로 '자발적' 인지에 관해서는 논쟁이 있지만, 여성이 베일 착용을 스스로 선택하는 이유는 자신의 몸을 팔루스로 만들어 권력을 획득하기 위함이다. 이는 베일 착용을 통해 기득권을 행사할 수 있는 사회에서 가능하다. 여성은 베일을 통해 자신을 성적 주체로 만들어 자신의 결핍을 메우려고 한다. 이때 남성에게 베일은 자신의 완전성을 유지하고 보존시키는 팔루스이므로 남성은 베일을 욕망하게 된다. 따라서 베일을 욕망하는 남성의 시선 속에서 이슬람 여성은 베일을 이용해 팔루스가 된다.

또한 에로티시즘의 효과를 내는 베일 속 여성의 몸은 환상을 생산한다. 베일은 환상을 조작하는 장치가 되며, 불가능성과 비존재를 가리는 기제가 된다. 베일을 통해 여성의 몸이 환상이 되는 여건 속에서 여성의 몸은 금기 → 환상 → 위반 → 금기 → 환상 → 위반의 순환을 끊임없이 반복한다. 이슬람 사회에서 베일은 욕망을 생산하는 금기인 동시에 위반을 제공하는 환상이기도 하다. 베일이라는 금기만 제거하면 완전한 유토피아가 올 것이라는 환상과, 베일이 유토피아의 불가능성과 불완전함을 가리고 권력을 지속시키는 기제라는 환상이다.

환상은 상실한 근원을 찾으려는 시도이며 주체의 상실과 결핍을 상상으로 메우려는 시도다. 환상은 주체의 '사라짐'을 막기 위해 '불가능한 시선'으로써 주체를 대상에 고정시켜 유지시킨다. 그러한 맥락에서 베일은 이슬람 남성에게 완벽한 이상의 결핍과 불가능성을 가능성으로 대체시켜주는 환상이다. 따라서 베일은 환상으로 완전한 사회와 완전한 가부장적 질서를 재현한다. 그러므로 베일은 가부장적 사회의 완전성을 유지하고 통제하는 장치다. 베일이 환상을 만들어내는 장치라는 점에서 여성의 몸도 베일을 통해 환상이 된다. 따라서 이슬람 사회에서 금기로 설정된 베일은 위반을 촉진한다. 그것을 위반함으로써 해방을 얻을 수 있다는 환상을 가져오는 것이다.

조르주 바타유Georges Bataille는 생명의 본질을 에로티시즘으로 설명한다. 여기서 에로티시즘은 넘쳐흐르는 에너지를 의미한다. 인간이 기표적 자기 정체성에 속박되지 않은 상태에서 인간의 창조적 자아가 타자와 합류할 때 에로티시즘이 발생한다. 인간 생명은 에너지가 고정되어 있지 않고 넘쳐흐르며 정화된다는 속성을 갖는다. 이는 인간의 생명력이 내적으로 고착된 자아를 넘어서 외부의 타자와 소통하면서 타자와 역동적인 하나가 됨을 의미한다. 이렇듯 생명의 속성은 넘쳐흐름에 있지만, 고정된 틀을 깨면 혼란이 오기 때문에 문명사회는 넘치는 에너지를 특정 질서로 통제한다. 이것이 금기이며, 이것을 넘어서려는 것이 위반이다. 하지만 위반을 끝없이 허용하면 에너지는 고갈되어 소멸된다. 그렇기 때문에 다시 금기가 필요하다. 그렇다고 금기만 고집한다면 고정된 에너지는 생명력을 잃어버리고 만다. 금기는 위반을 필요로 한다. 따라서 생명은 금기 또는 위반만으로는 유지될 수 없다. 생명은 금기와 위반의 변증법을 통해 지속된다.

프로이트는 죽음 충동을 에너지의 과잉으로 해석했고, 라캉은 죽음 충동을 삶의 형식에서 오는 현실 원칙과 쾌락 원칙의 범위를 벗어나 그 너머에 가고자 하는 운동이라고 설명했다. 이때 라캉은 현실 원칙과 쾌락 원칙의 범위를 넘어선 것을 '오브제 아objet a'라는 개념으로 정리한다. 오브제 아를 향유하고자 하는 것이 충동이라는 것이다. 라캉의 오브제 아는 바타유의 위반과 같다.

베일은 이슬람 사회에서 악마화·타자화된 여성의 몸을 은폐하고 격리시키기 위해 시작되었다는 점에서 금기의 기능을 수행한다. 베일을 착용한 여성의 몸은 금기가 되는 동시에 그 금기를 위반할 수 있는 쾌락을 제공한다. 이때 위반은 금기를 부정하지 않고 오히려 금기를 초월하고 완성시킨다. 위반을 불허하는 금기는 없다.[4]

권력의 목적은 통제다. 권력은 사물과 대상을 질서 속에 가두려 한다. 그러나 여기에 역설이 있다. 금기로서 통제의 수단이 된 베일이 또 다른 역설의 효과를 창출하는 것이다. 바로 베일의 에로티시즘화 기능이다. 금기로 설정된 베일은 위반의 쾌락을 제공하며 여성의 몸을 성애화性愛化시킨다. 그 메커니즘에 대해 살펴보자.

권력은 피지배 대상인 시민들이 권력에 복종하기를 원한다. 권력의 성애화를 시도하는 것이다. 그런데 성은 원래의 의도대로 억압되지 않는다. 그 속에서 오히려 성 담론이 생산되고, 이 생산을 통해서 성이 통제된다. 이로써 성의 주체화가 이루어진다.[5]

이슬람은 베일을 통해 여성을 향한 성적인 시선을 차단하고자 한다. 여성의 육체를 은폐함으로서 육체의 성애화를 억압하고 통제하고자 하는 것이다. 그러나 오히려 여성은 이를 통해 자시 자신을 성적인 주체로 만든다. 자신의 몸이 성애화됨을 깨달은 여성 주체는 자신의 몸을 팔루스로 만든다.

권력의 측면에서 살펴보면, 성애화된 권력은 통제되지 않고 오히려 사회에 성을 촉진한다. 결국 역설적으로 금기를 넘어서는 성의 과잉이 발생하는 것이다.

베일은 시선이 작동하는 영역이다. 가시적인 비가시성과 비가시적인 가시성이 베일 속에서 구현된다. 보이는 몸의 비가시성과 보이지 않는 몸의 가시성이 모두 베일을 통해 재현된다. 베일은 몸을 가리면서 또한 보여주는데, 보는 주체인 남성은 여성을 보지만 여성은 보이지 않고 은폐되어 있다. 여성의 몸의 윤곽은 보이지만 진정한 여성의 육체는 비가시적으로 은폐되기 때문이다. 남성은 베일을 통해서 여성을 성적으로 억압하고 통제하려고 했으나, 실상 남성인 나를 보고 있는 것은 타자인 여성이다. 그러므로 여성은 통제를 벗어날 수 있다. 남성 주체는 시선으로 타자를 대상화해서 지배하려 한다. 하지만 그러기에 앞서 타자가 우리를 보고 있다.[6]

남성의 세계에서 여성의 몸은 유령처럼 존재한다. 유령의 몸은 인간이 기표화할 수 없는 것이며, 동시에 상징화할 수도 없다. 이슬람 세계에서 여성의 몸은 베일을 통해서 기표화·표상화된다. 베일은 여성의 몸을 상징하는 기표지만, 여성의 몸은 유령처럼 은폐될 뿐 베일로 기표화되지 않는다. 여성의 몸은 근원적이기에 기표를 넘어서기 때문이다. 남성은 여성의 몸을 베일이라는 물질성, 즉 가시성을 통한 비가시성을 통해 하나의 기표로 고정하려고 하지만 여성의 몸은 그 너머에 있다.

남성의 시선은 베일을 통해 여성의 몸을 남성의 나르시시즘을 충족시켜주는 대상으로 고정하려 한다. 권력은 베일을 통해서 여성을 틀 속에 가두려고 하지만, 그 틀이 남성 권력의 의도대로 지배되지 않음으로써 오히려 여성만의 세계가 형성되고 소통의 세계가 열린다. 동시에 여성의 몸은 남성 권력을 통해 오히려 성애화됨으로써 남성의 시선 속에서 에로틱해진다. 금기가 불러일으키는 욕망이 에로티시즘이기 때문이다.

1   Jacque Lacan, "The Meaning of the Phallus", *Feminine Sexuality: Jacque Lacan and the École Freudienne*, trans. Jacqueline Rose, ed. Juliet Mitchell and Jacqueline Rose(London: Macmillan, 1982), pp. 74~85.

2   레나타 살레클, 《사랑과 증오의 도착들》, 이성민 옮김(도서출판b, 2003), 234쪽.

3   페터 비트머, 《욕망의 전복: 자크 라캉 또는 제2의 정신분석학 혁명》, 홍준기·이승미 옮김(한울아카데미, 1998), 110~133쪽.

4   조르주 바타유, 《에로티즘》, 조한경 옮김(민음사, 2001), 76~87쪽.

5   미셸 푸코, 《성의 역사 Ⅰ: 앎의 의지》, 이규현 옮김(나남출판, 1994).

6   이것이 타자의 선재성先在性이며, 데리다는 이를 '면갑面甲' 효과로 설명한다. 타자는 철갑을 쓴 사람을 보지 못하지만 철갑은 타자를 보고 있다는 논리다. "더 이상 하나의 사물이 아닌 이 사물, 자신의 출현 중에도 비가시적인 이 사물이 재출현할 때 우리는 이것을 살과 뼈를 가진 것으로 보지 못한다. 하지만 이 사물은 우리를 응시하는데, 우리는 우리를 보는 이 사물이 거기에 있긴 해도 그것을 보지 못한다. 여기서 유령적인 비대칭성이 모든 반영 작용을 정지시킨다. 이러한 비대칭성은 동시성을 무너뜨리고, 우리에게 몰시간성을 환기시킨다. 우리를 응시하는 이를 우리가 보지 못하는 것, 이것이 '면갑 효과'다." 자크 데리다, 《마르크스의 유령들》, 진태원 옮김(이제이북스, 2007), 26쪽. "투구 효과를 위해서는 면갑이 가능한 것만으로도, 그것으로 연기를 하는 것만으로도 충분하다. 심지어 면갑을 벗

거나 걷어 올린다 하더라도, 어떤 이가 갑옷 속에서 안전하게 보이지 않은 채로 또는 신원이 드러나지 않은 채로 볼 수 있음을 의미할 수 있는 가능성은 사실상 여전히 계속된다. 면갑이 차지하고 있는 부분이 일부일지라도 머리에서 발끝까지 신체를 덮고 있는 갑옷처럼, 아무리 벗겨 올려진 면갑이라 할지라도 면갑은 견고하고 안정되고 활용할 수 있는 자원이자 구조로 계속 남아 있다. 바로 이 점에서 면갑은 가면과 구별되지만, 그럼에도 면갑은 보이지 않은 채 볼 수 있다는 힘/권력, 아마도 권력의 지고한 징표를 이룰지도 모르는, 이러한 비교 불가능한 권력을 가면과 공유하고 있다. 투구 효과는 면갑이 올려진다 하더라도 중지되지 않는다." 자크 데리다, 앞의 책, 29~30쪽.

남성의 벌어진 **상처, 명예살인**

소설 《독사를 죽였어야 했는데》를 중심으로

야샤르 케말Yaşar Kemal[1]의 소설《독사를 죽였어야 했는데*Yılanı Öldürseler*》의 주요 모티프인 명예살인은 가부장제에서 비롯되었다. 남녀 주인공인 하산과 에스메가 살고 있는 마을은 혈연관계를 중심으로 한 씨족 마을이다. 봉건적 사회구조 안에서 혈연은 강력한 응집력을 갖는데, 재산뿐만 아니라 명예나 복수심도 혈연관계를 통해 대물림된다. 이 작품에 등장하는 복수극의 중심에는 할릴과 압바스의 관계 그리고 에스메와 그녀의 주변인의 관계가 있다. 할릴이 압바스의 애인인 에스메를 납치하고 압바스에게 선전포고를 하자, 압바스는 목숨을 걸고 할릴을 살해해서 애인을 되찾으려 한다. 그러나 곧 할릴의 형제가 압바스를 찾아 죽인 후 시체를 조각내 동구 밖에 내다 버린다.

작품 속에서는 납치혼을 계기로 남성 질서에 균열이 발생한다. 가부장제가 완전하다면 보복은 일어나지 않는다. 보복이 일어난다 할지라도 할릴과 압바스가 서로에게 복수하고 죽음을 맞이하는 식이어야 한다. 그러나 가부장적 의식의 왜곡된 진단과 불안은 균열을 은폐할 속죄양을 필요로 한다. 이러한 필요에 의해 할릴의 아내 에스메가 속죄양이 된 것이다. 사실상 에스메는 할릴에게 납치되어 인생이 파괴된 피해자다. 그러나 할릴의 가족은 에스메가 할릴을 죽게 만든 장본인이라며 그녀를 몰아붙인다. 그녀는 거대하고 바위처럼 단단한 남성중심적 혈연관계 안에서 철저한 외부인이다. 그리고 그 안에서 그녀를 지켜줄 수 있는 단 한 사람은 바로 아들 하산이다. 에스메는 '어머니'라는 이름을 통해서만 공동체 안에 살 수 있으며, 하산은 이를 가능하게 하는 에스메의 혈육이기 때문이다. 그러나 사람들은 에스메를 속죄양으로 만들기 위해 그녀를 창녀로 둔갑시킨다. 입에서 입으로 전해지는 이야기 속에서 그녀는 창녀가 되고, 그렇게 할릴 가문과 남성 질서의 균열을 은폐할 베일이 준비된다.

명예살인은 완전함을 믿는 남자들이 자신의 상처를 치유하는 방법이다. 또한 명예살인은 완전함을 회복하고 완전함이라는 환상을 실현하기 위한 가면이다. 남성적 논리는 명예살인이라는 장치를 통해 완성된다. 가부장적 가족 구조와 민족 이데올로기 또한 남성적 논리 안에 포섭되어 있는 장치다. 여성은 남성적 논리 안에서만 가족이 되고 민족이 된다. 이러한 메커니즘을 통해 남성 질서를 뒷받침하는 순결한 여자만이 여성이 되고, 가족이 되고, 나아가 민족이 되는 것이다. 이 논리는 대부분의 제3세계 국가에서 근대성 실현을 주장했던 엘리트 여성들이 자유연애와 성적 자유를 시도하자 성적 순결을 지키지 못했다는 이유로 상징 질서에서 추방당했던 논리와 다르지 않다. 근대화 후발국의 민족주의자 남성은 문명화는 필요하지만 민족적 정체성은 지켜야 한다는 논리로 신여성들을 사회에서 배제하고 매장시켰다. 신여성들은 민족 정체성의 핵심 상징을 와해시키는 위험 요소로 받아들여졌기 때문에 외세의 영향으로부터 민족을 안전하게 보호하기 위해서 제거되어야 했던 것이다. 이러한 논리로 전통 사회에서 근대국가로 넘어가는 과정에서 여성의 성적 순결은 더욱 강조될 수밖에 없었다.[2] 여성의 순결은 남성적 논리 안에서 완전성으로 포장되어야 하는 가치이기 때문이다.

성별에 따른 사회적 역할을 이념적으로 활용하는 담론은 가족과 혈통을 남성의 재현 구조로 조명한다. 따라서 여성은 가족과 혈통을 상징하며, 민족이나 계급 그리고 가족이 목표를 달성할 때에야 비로소 행위의 주체성을 획득할 수 있다. 이러한 사회관계에서 여성 스스로 주관적 주체성을 획득하는 것은 별 의미가 없다. 더 이상 가족이나 혈통을 의미하지 못하는 여성은 사회적 담론 속에 포함되지 않는다.

가족이나 혈통은 인간의 불완전성을 가리는 환상[3]으로서 제 구실을 다한다. 또한 이 환상은 순수성과 동일성에 대한 이데올로기이며, 이질성을 제거해야만 완전함에 이를 수 있다는 강박을 만든다. 이러한 논리는 다수성의 논리이기도 하다. 명예살인의 논리도 다수성의 논리이며, 남성적 사유다. 이러한 논리가 생물학적 남성에 의해 주도되기 때문에 남성적 논리인 것은 아니다. 이 논리는 완전성과 동일성이라는 환상 안에 갇혀 있으며, 더 나아가 조직화된 사유이자 권력화된 사유이기 때문에 남성적 논리라 할 수 있다. 다시 말하면, 생물학적 남성 또한 여성과 마찬가지로 결핍과 결여를 안고 있는 존재인데, 이를 부정하며 결핍과 결여를 받아들이지 못하기 때문에 문제가 발생한다. 결국 자신의 결핍과 결여를 인정하지 못한 채 완전함을 믿고 주장하는 가운데, 완전함이라는 환상을 고수하기 위해 명예살인을 하는 것이다.[4]

할릴의 가족과 마을 사람들은 자신의 문제를 에스메에게 투사해서 그녀를 희생양으로 만든다. 자신들이 가지고 있는 불완전성을 에스메라는 타자와 이질성에 투사해서 문제를 허구적으로 해결하는 것이다. 우선 에스메는 외부 공간에서 유입된 타자라는 점에서 이질적인 요소이며 이방인이다. 그녀는 '어머니'라는 상징적 이름을 통해서만 혈통과 가족에 포섭된 순수한 동질성으로 인정받을 수 있다. 하지만 그녀는 압바스와의 관계에 연루되었기 때문에 오염된 이물질로 전락한다. 사람들은 이물질을 제거하려 하고, 이질성의 얼룩을 덮어버리려 한다. 자신의 고유한 순수성과 동질성 그리고 그것의 완전성을 확인하기 위해서는 그 방법밖에 없다고 생각하기 때문이다. 그들은 이질성을 외부로 떼어내서 처벌하는 방식으로 완전성을 가장한다. 에스메는 그들의 균열을 은폐하고 봉합하기 위해 만들어낸 베일이자 희생양이었다.

작품 속에서 결국 아들 하산은 어머니 에스메를 명예살인한다. 이를 위해서는 어머니를 오염되고 부정한 인물로 조작하는 과정이 필요했다. 아들의 명예살인은 가족과 혈통의 완전성과 순수함을 위한 것이었다. 가족과 혈통의 불완전성은 에스메를 처벌함으로써 완전함으로 위장된다. 에스메는 '어머니'로서의 자격을 상실한다. 집단의 순수성에 속하지 못하는 여성은 의미를 상실하며, 오히려 불결하고 오염된 상처가 되기 때문이다. 그리고 상처와 오염된 얼룩을 제거하기 위해 명예살인이 집행된다. 이때 명예살인이 가능한 것은 남자가 여자를 소유하기 때문이 아니다. 오히려 여자는 남자의 '소유'가 아니라 '존재'다. 여자는 남자 그 자체이기에 남자의 결핍과 불완전함을 가리기 위해 처벌받는다.

명예살인은 때로 외부의 침입에 대응하는 과정에서 일어나기도 한다. 이 경우 '외부'가 침입하면서 이에 대항하는 '내부'로서 가족이나 혈통 개념이 중요해진다. 외부의 침입을 받은 경우 내부에서는 완전성을 유지하고 지속시키기 위해 많은 노력을 동원한다. 이질성을 제거하기 위해 필사적으로 노력하는 것이다. 이러한 노력은 순수성과 동일성에 대한 이데올로기에서 비롯된다. 이데올로기는 환상이다. 결국 타자의 완전성에 대한 환상인 것이다. 인간의 유한성과 불완전성을 채워줄 논리가 존재하리라는 기대감이 결핍과 결여를 가리기 위해 만들어낸 스크린이다. 명예살인도 가족과 혈통이라는 완전성 및 남성성을 지키기 위한 방법 중 하나일 뿐이다.

명예살인의 메커니즘을 정리하면 다음과 같다. 〈완전함으로 위장된 남성 질서에 균열을 내는 사건이 발생한다〉 → 〈질서의 붕괴를 느낀 남성들이 불안해하기 시작한다〉 → 〈불안을 은폐하기 위한 방어기제로 희생양을 만든다〉 → 〈균열은 희생양의 처벌을 통해 일시적으로 봉합된다〉 → 〈균열 봉합은 일시적이기 때문에 명예살인이 반복된다〉 → 〈더더욱 남성적 논리에 집착하게 된다〉.

명예살인은 남성 질서의 불완전성을 일시적으로 은폐하는 베일이다. 이는 자신의 결핍과 결여를 당당하게 인정하고 직시하지 못하는 데서 발생하는 자기기만과 일시적 만족에 불과하다. 명예살인이 반복될 수밖에 없는 이유는 희생양을 통한 균열의 봉합이 일시적이기 때문이다. 명예살인은 오히려 남성 질서의 불완전성을 확인시켜준다.

인간은 스스로 만들어낸 이데올로기를 위해서 온갖 폭력과 분쟁, 전쟁 등을 지속해왔다. 오늘날에도 수많은 여자들이 명예살인으로 목숨을 잃고 있다. 그런데 그 죽음이 한낱 환상에서 비롯되는 것이라면 이러한 참사가 계속되어야 할 이유가 있을까? 우리가 추구하는 완전성은 비존재로서만 존재한다는 사실을 받아들이고 인정함으로써 환상이라는 스크린을 가로질러야 한다.

이슬람 문화권을 비롯한 중동 국가에서 성적 순결을 잃어버린 여성이 자신의 오빠나 아버지 등의 친족에게 살해당하는 현실은 그 원인을 설명하기가 쉽지 않다. 상식적으로 여성의 오빠나 아버지는 누이나 딸을 보호하고 상처를 치유해주기 위해 가장 애를 써야 하는 사람들임에도 불구하고 명예살인의 주범이 된다. 이를 어떻게 설명해야 할까?

민족주의에서 설명의 실마리를 찾을 수 있다. 민족주의는 남성의 지배 담론이며, 남성의 완전성을 의미한다.[5] 민족이라는 이름의 남성적 논리는 완전성과 동일성을 전제로 한다. 민족에게 동질성을 제공하기 위해 만들어진 제도 중 하나가 바로 결혼이고 여성의 순결이다. 그러므로 결혼 제도 밖에서 성관계를 맺는 것은 민족이라는 남성적 논리와 완전성에 균열을 내는 행위가 된다. 혼외 정사는 남성의 세계가 완전하지 못하다는 것을 입증하기 때문이다. 또한, 혼외 정사는 민족의 동질성을 결정하는 여성이 '불완전'하거나 '완전히 그의 것'이 아님을 보여주기도 한다. 이와 같은 결여와 균열을 처리하는 데에는 두 가지 방법이 있다. 완전성에 흠집을 낸 여성을 죽이거나 사회에서 추방하고 배제하는 것이다. 성적 자유를 주장했던 여성들이 사회적으로 매장당하거나 배제되었던 것도 바로 완전성을 믿는 남성적 논리 때문이었다. 그리고 남성성의 논리와 등치되는 것이 바로 민족 담론이다. 남성은 완전성을 믿는 남성적 논리로 사유하지만 실제로는 불완전한 존재이기 때문에 자신의 불완전성을 폭력적인 방법으로 가리고자 하는 것이다.[6]

이 지점에서 라캉의 "여성la femme은 존재하지 않는다"라는 진술을 떠올려보자. "여성은 존재하지 않는다"는 말은 여성이 오브제 아objet a이기 때문에 상징화되지 않는다는 뜻이다. 여성은 생물학적 여성도, 젠더적 차원에서의 여성도 아니다. 상징계의 위치에 따른 구분일 뿐이다.[7] 그런데 라캉의 말대로 여성이 존재하지 않는다면 그것은 단지 가부장적 사회가 수천 년간 여성을 억압해왔기 때문일까? '여성은 존재하지 않는다'라는 사실은 가부장적 사회의 억압의 결과물이 아니다. 반대로 여성이 존재하지 않는다는 것을 들키지 않으려고 애를 썼기 때문에 여성을 억압하는 가부장적 사회가 된 것이다. 상징적 질서 속에서 각각 '~의 이름'으로 살고 있는 존재들은 모두 자신의 결핍과 결여를 가리고 위장한 채 살아간다. 누이 또는 어머니라는 이름으로 살아가면서 이들이 획득한 정체성은 완전함을 가장한다. 그러나 실제로 완전한 존재는 없다. 여기에서 잊지 말아야 할 것은, 각각의 이름으로 호명된 상징 질서 속의 정체성이 모두 남성적 사유라는 것이다. 여성적 사유는 실재계와 불완전성을 의미한다. 따라서 누이와 어머니와 아내가 상징 질서 속에서 호명된 역할을 제대로 수행해내는 한 이 질서는 유지된다.[8]

여기서 누이와 어머니와 아내가 성적 순결을 상실했을 때 그 여성을 처단하는 자가 오빠나 아버지, 심지어는 아들 등의 가까운 친족이라는 점에 주목해야 한다. 남성에게 모욕을 주는 가장 좋은 방법은 그의 누이나 어머니를 성적으로 희롱하거나 모독하는 것이다. 범위를 확대해보면, 한 민족의 여성을 성적으로 희롱하거나 모독했을 때 가장 분노하는 사람은 같은 민족의 남성이다.

순결을 상실한 누이나 어머니, 아내는 상징 질서 속에서 가족 관계만을 의미하지 않는다. 상징 질서 안의 정체성으로는 환원되지 않는 무언가가 있기 때문이다. 남성들은 누이나 어머니, 아내에 대한 성적 모독이나 희롱을 자신의 존재 자체에 대한 도전으로 간주한다.

남성들은 '네 누이 혹은 어머니는 창녀다'라는 모욕을 참지 못하는데, 남성들이 이를 자신에 대한 모독으로 비약하는 이유는 이러한 모욕이 '여성은 존재하지 않는다'는 사실을 상기시키기 때문이다. 즉 그녀가 '불완전'하거나 '완전한 그의 것'이 아니며, 남성이 믿는 완전성은 존재하지 않음을 의미하는 것이다. 라캉은 이를 "여성은 비-전체다"라는 말로 표현한다. 비-전체는 하나이자 둘인 세계이며 내부적 분열을 의미한다. 비-전체는 여성적 우주이며, 언어화될 수 없는 세계다. 다시 말해 실재계인 셈이다. 그러므로 비-전체는 남성적 우주가 완전하다는 환상에 균열을 낸다.[9] 여성이 비-전체임을 인정하는 것이야말로 남성이 신봉하는 완전성을 모독하는 것이며 이는 남성들에게 가장 참을 수 없는 치욕이 된다. 여성의 상징적 역할 속에 부여된 남성의 존재까지 침해당한다고 느끼기 때문이다. 명예살인과 같은 극단적인 반응이 이를 증명한다.

명예살인은 남성이 여성을 소유물로 간주하기 때문에 발생하는 것이 아니다. 오히려 여성은 남성에게 소유물 그 이상이다. 여성이 소유물에 불과하다면 여성이 성적 순결을 상실했다는 사실은 남성에게 그토록 치명적이지 않을 것이다. 여성은 남성의 소유물이 아니라 남성 자신이다. 다시 말하면 여성은 '그가 가진 것What he has'이라는 소유의 층위가 아니라 '그의 존재What he is'의 층위인 것이다. 소유의 층위는 실재계를 주형틀에 가두어놓는 법질서, 즉 상징계를 의미한다. 이에 비해 존재의 층위는 실재계이며 끊임없는 생성을 의미한다.[10]

여성이 성적으로 모독을 당했을 때, 이 상황을 처리하는 방법으로는 두 가지가 있다. 한 가지는 헤겔Friedrich Hegel이 '소급 무화'라고 불렀던 것으로 여성의 명예를 앗아간 남성이 그녀와 결혼하는 것이다. 그녀가 그의 합법적인 아내가 되었을 때 그들 사이에 발생한 불온한 일은 소급적으로 법에 포섭되어 용서받게 되고, 상처는 치료된다.[11]

나머지 한 방법은 상징 질서에서 여성을 추방하는 것이다. 결혼이 불가능한 상황에서 선택할 수 있는 유일한 방법은 실제적인 죽음이다. 이것이 바로 명예살인의 이유다. 명예를 잃어버린 여성은 현실에서 여전히 살아 있다 하더라도 상징적 질서 속에서는 죽은 삶을 살아야 한다. 상징적으로는 이미 죽어버린 여인들이 숨어들 곳을 찾기는 어렵다. 지하 창고나 다락방 같은 곳에 유폐된 채 유령처럼 살아가는 것만이 유일하게 목숨을 보존하는 방법이다. 상징계에 더 이상 그 여성의 자리는 없다.

　이런 맥락에서 보았을 때, 완전함을 믿는 남성들이 자신의 상처를 치유하기 위해 취하는 방법이 바로 명예살인이라고 할 수 있다. 명예살인은 남성이 여성을 소유물로 보았기 때문에 발생하는 것이 아니다. 명예살인은 남성이 자신의 상처를 치유하고 완전함을 회복하기 위해 사용하는 위장이다. 남성적 논리로 구성된 가부장적 가족과 민족 이데올로기 안에서 여성은 이러한 장치를 통해 비로소 가족이 되고 민족이 된다. 남성은 자신의 결핍과 결여를 받아들이지 못하고 완전성을 믿고 주장하면서 그 완전성이라는 환상을 고수하기 위해 명예살인을 한다. 그리고 이러한 메커니즘을 통해 순결한 여성만이 남성이 되고, 가족이 되고, 민족이 된다.

1 야샤르 케말은 1923년 터키 아다나 주에 있는 작은 마을에서 태어났다. 본
   명은 케말 사득 괴으젤리Kemal Sadık GÖğceli로, 어릴 적 아버지가 전 재
   산을 탕진하면서 잡다한 직업을 전전했다. 생업에 종사하면서도 작가의
   꿈을 포기하지 않았던 그는 1944년 단편 〈추잡한 이야기Pis Hikâye〉로 본
   격적인 작품 활동을 시작했다. 그 후 〈아기Bebek〉, 〈가게 주인Dükkâncı〉
   등의 단편과 《의적 메메드 Ince Memed I》, 《불멸초 Ölmez otu》, 《빈보아 신
   화 Binboğalar Efsanesi》 등의 단편으로 유럽 전역에서 명성을 날렸다. 정치
   활동에도 주력해 1962년 터키 노동당TIP에 입당했으며 수차례 체포·수
   감되기도 했다. 국제 델 두카Del Duca상, 프랑스 정부의 레종 도네르Légion
   d'honner 훈장 등 많은 상을 받았으며 1987년에는 노벨 문학상 후보에 올
   랐다.

2 Deniz Kandiyoti, "Identity and its Discontents: Women and the Nation",
   Millennium, vol. 20, no. 3(1991). pp. 429~443; Emel Doğramacı,
   Türkiye'de Kadının Dünü ve Bugünü(Ankara: Türkiyede İş Bankası Yayınım,
   1992), p. 130.

3 《세미나 XI》, 《세미나 XX》에서 라캉은 환상이 기본적으로 실재계와의 관
   계에서 작용한다고 했다. 환상은 스크린으로서 실재계를 덮거나 가리는
   착각으로 작용한다. 실재계는 환상을 지지하고, 환상은 실재계를 보호한
   다. Mladen Dolar, "Cogito as the Subject of the Unconscious", *Cogito and
   the Unconscious,* ed. Slavoj Žižek(Durham: Duke University Press, 1998),
   pp. 11~40 참조.

4   여기서 남성과 여성은 생물학적인 성이 아니라 논리적인 성이다. 여성은 불완전성, 남성은 완전성과 동일성을 의미한다.

5   질 들뢰즈·펠릭스 가타리, 《천 개의 고원》, 김재인 옮김(새물결, 2001), 800~850쪽.

6   알렌카 주판치치, 《실재의 윤리》, 이성민 옮김(도서출판b, 2004), 207쪽.

7   슬라보예 지젝, 《이데올로기라는 숭고한 대상》, 이수련 옮김(인간사랑, 2002), 19~29쪽.

8   슬라보예 지젝, 앞의 책, 209쪽.

9   알렌카 주판치치, 《정오의 그림자》, 조창호 옮김(도서출판 b, 2005), 197~222쪽.

10   슬라보예 지젝, 앞의 책, 19~29쪽.

11   알렌카 주판치치, 《실재의 윤리》, 207~216쪽.

여성 할례,
어떻게 이해해야 하는가

인간이 자연 상태에서 문화로 진입하려면 통과의례를 거쳐야한다. 자연은 혼돈의 세계다. 이에 비해 문화는 질서와 규범의 세계이며, 차이의 체계를 통해 모습을 갖춘다. 그래서 인간은 통과의례를 통해 사회적 차이를 만들며, 그 차이를 사회 구성원인 개인에게 새긴다. 통과의례는 개인 차원에서는 사회의일원이라는 정체성을 획득하는 것이며, 문화 차원에서는 개인에게 사회적 정체성을 부여하는 것이다.

인류학적 관점에서 보면, 여성 할례는 유년기에서 성년기로 이행하는 시기에 발생하며 일반적으로 성인식이라는 통과의례로 받아들여진다. 공동체는 할례를 받은 여성에게 할례를 받지 않은 여성은 가질 수 없는 새로운 자격과 상징적 역할을 부여한다. 바로 사회에서 가장 중요한 구성원 재생산, 즉 출산의 역할이다. 동시에 공동체는 할례를 통해 출산이라는 구성원 재생산 기능을 합법화·제도화한다.

여성 할례와 남성 할례는 원래 신에게 인간의 몸을 제물로 바치는 인신공희에서 비롯되었다고 전해지기도 한다. 신체 전부를 바치던 것이 점차 성기의 일부분을 절제하는 것으로 바뀌면서 인신공희의 상징적 뜻만 남게 되었다는 것이다. 하지만 일반적으로 할례는 전근대적 사회에서 성적 차이를 표시하는 방법이다. 전통적인 사회에서는 생물학적인 성性만으로 재생산의 역할을 보장하고 합법화하지 않는다. 전통의 지속을 용이하게 하는 것은 바로 법과 언어에 의한 상징적 절제切除다. 전근대적 사회는 인간을 사회적 존재로 만드는 과정에서 온갖 종류의 금지와 의례를 요구한다. 할례와 같이 신체를 절제하는 것은 상징적인 행위이며, 여성의 정체성을 보편적 사회질서(라캉의 상징계)에 편입시키는 행위이기도 하다. 보편적 질서가 지배하는 사회로 입문하는 과정에서 여성은 자신의 신체에 물리적 표식을 수용한다. 여성 할례는 그러한 표식이다.[1]

여성 할례는 집단의 정체성과 관계가 있다. 여성은 이 의례를 통과해야 공동체의 구성원으로 받아들여지며 공동체의 다른 여성들과 동등한 지위를 얻게 된다. 할례를 받지 않아 음핵을 갖고 있거나 음부가 봉합되지 않은 여성들은 불안할 수밖에 없다. 할례를 받지 않으면 상징계 안에 포섭될 수 없는데, 이는 곧 공동체 안에서 자신의 자리를 선택할 수 없음을 의미하기 때문이다. 다시 말해 사회에서 따돌림을 당할 수 있다는 두려움에 직면하게 되는 것이다.

전근대적 사회에서 여성 주체는 성적 정체성에 대한 의심을 성인식을 통해 해소했다. 전근대사회는 반복의 논리에 기초하며, 세대에서 세대로 법이 이어져 내려온다. 또한 전근대사회에서 출산은 외상적 사건이며, 사회는 온갖 종류의 의례와 금지를 부과함으로써 외상을 다룬다. 아이는 의례 행위를 통해서 성적 정체성을 신체에 표식으로 남기며, 이로써 사회는 여성의 출산력과 사회의 지속성을 분명히 한다. 의례가 사춘기에 발생할 경우에 여성은 이를 더욱더 큰 외상으로 받아들인다. 별다른 정체성을 갖고 있지 않던 여성이 의례 이후 성적 주체로서의 의무를 요구받기 때문이다. 전근대 시대의 여성은 자신의 성적 주체성을 신체 절제切除를 통해서 확증받았다. 이때 신체상의 표식은 자신의 정체성과 관련해서 여성이 갖는 불안과 딜레마에 대한 타자의 응답이다.[2] 즉 여성 할례는 여성이 자신의 신체에 표식을 받아 불안과 딜레마를 해소하고 공동체 구성원이 되는 통과의례인 것이다.

'나는 표식된다, 그러므로 존재한다'라는 슬라보예 지젝 Slavoj Žižek의 테제는 신체 절제가 사회와 상징 질서 안으로 나를 편입시킨다는 뜻이다. 전통적 할례는 상징계로의 진입이다. 즉, 내가 아닌 타자의 집단 속으로 들어가는 것이며, 그 집단에 복종하는 것이다. 그러므로 할례는 여성이 사회의 보편적 질서 내에서 자신에게 할당된 자리를 찾을 수 있게 한다. 여성은 할례를 통해 안도감을 얻는다.[3] 전근대사회에서 입문 의례는 여성을 사회적 구조 속에 배치하고, 그녀에게 성적 역할과 더불어 어떤 특정한 자리를 할당한다.

근대 계몽 사회의 경우 입문 의례는 없었지만 법의 권위는 여전히 작동했다. 법은 아버지와 연계된 것으로, 근대적 여성은 법에 반대하고 법과 거리를 둠으로써 자유를 획득한다.[4]

근대적 여성은 신체에 성적 정체성을 새겨 넣지 않는다. 이미 공동체가 형성되어 있으며, 민족과 국가가 정체성을 부여해주기 때문이다. 여성은 태어남과 동시에 정체성을 부여받는다. 여성은 자연적인 육체에 사회적인 정체성을 새길 필요가 없다. 더구나 여성은 이미 상징적으로 거세된 존재다.

근대사회에서 타자는 여전히 대단한 권능을 지닌다. 보통 부성적 권위로 표상되는 상징적 법률에 복종함으로써 사회화가 진행되기 때문이다.[5] 여기에서 여성 주체 대對 타자와의 관계는 상상적 관계다. 주체는 타자의 상징적 지위에 복종하고 존중의 태도를 취함으로써 자신이 속이 빈 주체라는 사실을 은폐하려 한다. 여성 주체는 할례를 통해 조국, 법률, 전통과 민족, 부족에 대한 존중을 표현하며, 이와 상상적 관계를 맺는다.

대부분의 중동 국가와 아프리카 국가에서 나타나는 할례의 형태는 전근대적 할례와 근대적 할례의 특성을 동시에 보여준다. 할례가 국가나 지역에 따라 특정한 형태를 띤다고 말할 수는 없다. 한 사회에서도 여러 가지 형태가 공존하기 때문이다. 중동이나 아프리카 등의 국가에서 여성 주체는 할례를 통해 국가와 부족, 민족에 대한 상상적 동일시와 존중을 보여준다. 여성 할례는 남성의 결핍과 결여를 가리는 스크린이며, 상징화할 수 없고 언어화할 수 없는 불가능성을 덮어버리는 환상이다.

현대사회에서 할례의 의미:
남성의 비존재에 대한 여성 주체의 응답

현대사회의 할례는 기호와 이미지의 물결 속에서 현대인의 권태와 지루함을 표현하고자 하는 욕망 때문에 생겨났다. 이는 곧 실재계를 향한 열망과도 같다. 피어싱 역시 같은 의미를 갖는 가짜 사건이다. 아프리카와 중동 같은 전근대적 사회 및 산업화 사회에서 실행되는 할례는 전근대적 의미로 해석해야 한다. 반면에 유사 서구 사회와 현대사회처럼 여성에게 선택권이 있는 나라의 할례는 탈근대적 할례로 보아야 한다.

탈근대 사회에서는 가족 조직화에 근본적인 변화가 있었다. 따라서 상징 질서와 여성의 관계도 변화했다. 여성이 신체 예술의 실천 속에서 음핵 절제나 외음부 절제 등의 여성 할례로 회귀하는 것은 남성이라는 타자에 대한 응답이 아니라 타자의 비존재에 대한 응답이다. 이는 여성을 법 및 상징 질서와 동일시하는 방식에 변화가 있었기 때문에 발생한 결과다.[6]

전통적 가족 구조의 해체는 권위에 대한 여성의 태도를 변화시켰다. 더불어 오늘날 여성은 자신의 성적 취향을 비롯한 스스로의 정체성을 자유롭게 선택할 수 있는 위치에 있다. 현대사회에서 여성은 권위와 보편적 사회질서에 불신을 갖고 있다. 즉 타자라는 남성 중심 집단에 불신을 갖고 있는 것이다. 포스트모던적 여성은 더 이상 제도나 사회의 권력이 자신의 정체성을 주조하는 것을 받아들이지 않는다. 물론 여성이 법이나 다른 형태의 사회적 강압에서 완전히 해방된 것은 아니다.

라캉은 상징계로부터 배제된 것은 실재로서 회귀한다고 했다. 이는 억압된 것의 귀환을 의미한다. 억압은 되었지만 결코 제거되지는 않았기 때문에, 제거되지 못한 실재가 계속 다른 방식으로 돌아온다는 것이다. 또한 아버지의 권위에 대한 불신은 실재로서의 아버지의 회귀를 초래했다. 상징적 허구에 대한 불신과 실재적 무언가에 대한 추구는 여성 할례에서도 찾아볼 수 있다.

오늘날 여성이 남성의 결핍을 다루는 방식 중 하나는 나르시시즘적인 자기 숭배다. 남성을 결핍된 존재로 바라보고 더 이상 남성 중심의 권위를 인정하지 않으며 타자를 불신할 때 여성 주체는 스스로 입문 의례를 치른다. 아버지의 권위를 재확립하려는 시도로서 할례를 받는 것이다. 이것이 바로 여성 주체가 타자의 부재를 다루는 방식이다.[7] 현대사회에서 이슬람 근본주의에 대한 여성의 지지나 할례는 남성의 결핍을 메워보려는 시도로 이해할 수 있다. 서구 사회로 이주해온 이슬람 이민자들이 여성 할례를 고집하는 것은 여성 주체의 정체성을 보증해줄 이슬람의 상징적 법을 유지하려는 여성의 필사적인 노력으로 보아야 한다.[8] 자신이 속하고자 하는 이슬람 공동체에 대한 상상적 동일시와 서구 사회를 부정하고 이에 저항하고자 하는 몸부림의 교착交錯상태인 것이다. 이런 경우 근대와 현대(탈근대 또는 포스트모던)가 공존하고 있다고 볼 수 있다.

근대 이전 사회에서는 입문 의례가 주체에게 성적 주체성을 부여하고 신체에 사회적 금지를 상징하는 표식을 남겼다. 현대사회의 여성이 자신의 신체에 표식을 하는 행위는 남성의 허구성에 대한 불신의 표현이다. 안정된 주체의 자리를 신체 속에서 찾으려는 것이다.

중요한 것은 과거 할례와 현재 할례의 차이다. 현대에서 할례와 같은 신체 절제는 신체에 표식을 남기는 전근대적 절차들로 회귀하는 것처럼 보이지만 과거와 현재의 리비도적인 경계는 대립된다. 현재의 할례는 비록 과거의 형식으로 회귀하는 것처럼 보일지라도 실제로는 이미 근대성에 의해 '매개'되어 있다. 예를 들어, 상징적 공간 내부에서의 '자연적' 나체의 출현과 같은 행위다. 이는 과거 이교도 사회에서 행하던 위반적 비밀 입회식 형태의 나체성과는 다른 것으로서 자연적인 신체의 무구한 아름다움을 단언하는 데서 쾌락을 찾는 명백한 현대적 현상이다.[9]

전통적 할례가 실재로부터 상징계로의 진입이라면 현대적 할례는 상징계로부터 실재로의 진입이다. 자신의 성기에 상처를 냄으로써 스스로에게 고통을 주고 그 고통의 쾌감을 느끼는 현대적 할례의 관행은 '실존의 고통'을 가하면서, 상징적 시뮬라크르의 우주 속에서 최소한의 신체적 실재를 보증하고 그에 대한 접근을 제공한다. 오늘날 신체 절제라는 여성 할례는 상징적 거세의 표식이 아니라 복종을 요구하는 사회에 대한 신체의 저항이다. 현대사회에서 여성 주체가 할례를 받는 행위는 복종이 아닌 '육신의 반항'을 의미한다.[10]

할례(전근대) → 할례의 후퇴(근대) → 할례(현대). 현대사회에서 할례가 다시 복고되고 있는 현상은 '부정의 부정'이라는 일종의 헤겔적 변증법을 유효하게 만든다. 전근대사회에서 신체에 흠집을 내는 행위가 여성을 보편적 사회질서 속으로 편입시켰다면, 근대사회에서 타자는 그러한 흠집을 내지 않아도 작동한다. 근대에 여성은 신체적 절제라는 매개 없이 타자 속으로 스스로를 편입시킬 수 있었다. 현대사회에서는 여성 할례가 다시 실행되고 있지만 타자 따위는 없다. 여성에게 타자는 완전히 상실되고 만다. 현대사회에 회귀한 신체적 절제切除는 타자의 근본적 비존재를 드러내기 위한 것이다.[11]

여성 할례는 비위생적이고 폭력적인 절차와 방법 때문에 시술 과정에서 부작용과 사망자가 많이 발생한다. 유엔UN은 여성의 인권이 제대로 보장받지 못하고 있다는 판단에 따라 여성 할례를 명백한 인권 억압으로 규정했다. 그러나 인권 억압이라는 단순한 현상적 해석 외에도 여성 할례에 대한 다양한 해석이 존재한다. 여성 할례는 여성의 몸에 가부장제를 각인하는 행위라는 서구 페미니스트들의 주장과 이에 대한 반론이 존재하며, 여성들이 사회에서 기득권을 얻기 위해 할례를 한다고 보는 정신분석적 관점, 서구의 인권 개념에 반론을 제기하는 이슬람 페미니스트들의 주장, 윤리학의 측면에서 여성 할례를 보는 비판 등이 공존한다.

앞에서 여성 할례는 여성 주체가 신체에 표식을 받아 상징 질서에 진입하고자 하는 입문 의례임을 설명했다. 그렇다면 '왜 굳이 성기를 절제해 봉합하는 극단적인 방식을 취하는가'라는 의문을 제기해볼 수 있다.

일부 아프리카 부족에는 여성 할례가 다산을 보장해준다는 믿음이 널리 퍼져 있다. 이러한 믿음은 음핵이 태어날 아기에게 영향을 미친다는 생각과 관련이 있다. 음핵은 남성의 남근과 같은 것으로 남근의 경쟁자로 간주되기도 한다. 음핵은 여성의 몸에 남아 있는 남성의 흔적이다. 따라서 여성이라는 성을 분명히 하기 위해서는 남성의 흔적을 없앨 필요가 있다는 것이다.[12]

특히 이들은 여성 할례가 처녀성을 지키는 데 도움이 된다고 믿는다. 강력한 가부장적 사회에서 처녀성은 결혼의 가장 중요한 요건이기 때문에 여성 할례의 의미가 클 수밖에 없다.

이런 맥락에서 보면, 여성 할례는 여성의 몸에 가부장제를 각인하는 작업이다. 남성의 페니스에 해당하는 여성의 음핵을 제거함으로써 여성이라는 사회적 정체성을 확실히 해 여성이 가부장제에 복종하게 만드는 것이다. 한편 여성 할례는 재생산의 주체로서의 법적 대상이라는 여성 개념에 대한 환유이기도 하다. 가부장제와 가족이 클리토리스를 억압한다는 것을 나타내주는 것이다.[13]

대부분의 서구 페미니스트들이 여성 할례를 여성의 몸에 가부장제를 각인하는 행위로 본다. 대표적인 페미니스트가 바로 스피박Gayatri Spivak이다. 반면에 몸은 성적으로 중립적이고 미결정적이며 보편적이라는 가정에서 출발해 포경수술과 여성의 음핵 절제를 같은 것으로 간주하는 사람도 있다. 현재 펜실베이니아 주립대학의 철학과 명예교수인 앨폰소 링기스 Alphonso Lingis가 대표적인데, 포경수술은 페니스 주변에 있는 남성의 음순을 거세하는 것이며, 음핵 절제술은 여성의 페니스를 거세하는 것이므로 둘은 같다는 것이다. 그는 자연적인 양성성의 거세를 통해서만 비로소 사회적인 동물이 만들어진다고 보는 견해에서 출발한다. 링기스는 사회적인 절제 이전의 순수한 몸은 순수한 충만의 형태인데, 순수한 몸은 사회적인 표식을 통해서만 비로소 성애적이고 성적인 것으로 변별된다고 본다. 링기스는 몸 자체는 자연적으로 양성적이며, 사회적인 각인의 형태인 거세를 통해서만 성별이 구분된다고 생각한다.

서구 페미니스트들은 이러한 주장을 맹렬하게 비난한다. 특히 엘리자베스 그로스Elizabeth Grosz는 포경수술과 음핵 절제술은 차원이 다르다고 주장하며, 링기스가 남성과 여성 사이에 커다란 성적 불평등이 존재한다는 사실을 인식하지 못하고 있다고 비판한다. 링기스는 포경수술과 음핵 절제 모두가 팔루스를 뒷받침해준다고 보는데, 이는 명백한 오류라는 것이다. 포경수술은 남성의 성기를 제거하지 않으며, 대부분의 문화권에서 포경수술은 음핵 절제와는 달리 남성의 성적 감수성을 고양시킨다. 반면에 음핵 절제술은 여성의 성기가 주는 쾌락의 원천을 궁극적으로 없애버리거나 남성의 관심사에 완전히 종속시켜버린다. 음핵 절제술은 여자들이 성기를 통해 성적인 만족에 도달할 가능성을 완전히 차단하기 때문이다. 이러한 점에서 남성과 여성 사이에는 공평함이 결코 존재할 수 없다. 그러므로 그로스는 남자들이 포경수술을 받는 데 그치지 않고 페니스를 절단해야만 생리학적으로 음핵 절제술과 비교 가능할 것이라고 비난한다.[14]

인권 억압의 이유를 들어 여성 할례를 반대하는 사람들은 여성 할례가 여성의 몸에 가부장제를 새겨 넣는 행위이며, 스스로의 선택이 아닌 강요에 의해 신체를 절제하는 것은 명백히 여성의 자유의지에 반하는 행위이자 반인권적인 행위라고 주장한다. 여성의 순결을 강요하기 위해서든, 혹은 여성의 성적 욕구를 억제함으로써 일부다처제를 유지하기 위해서든, 아니면 음핵을 남성의 페니스로 간주해 여성에게서 남성을 제거하기 위해서든, 여성 할례는 여성의 몸에 가부장제를 강요하는 행위다. 따라서 많은 사람들이 여성 할례는 마땅히 금지되어야 한다고 주장하고 있다.

여성 할례를 통한 몸의 팔루스화

여성 할례가 억압이 아니라고 보는 시각은 여성이 할례를 통해 그 사회의 주요 세력으로 인정받기 때문에 할례를 여성이 상징 질서에서 권력을 얻는 방법이라고 보는 정신분석적 통찰에서 출발한다. 기원이 정확하지는 않지만 남성 권력이 여성 할례를 통해 여성에게 성적 순결을 강요하는 것은 명백한 사실로 보인다. 이러한 강제적 상황 속에서 여성 주체는 할례를 통해 여성으로 거듭나며 자신의 성적 주체성을 확보한다. 동시에 여성은 남성의 시선과 존중 속에서 자신의 몸을 팔루스로 만든다.

이는 여성 주체가 팔루스의 부재를 어떻게 처리하느냐에 달려 있다. 프로이트는 여성이 남근의 부재를 수줍음을 가지고 메우려 한다고 주장한다. 이를 통해 응시를 돌리려 한다는 것이다. 그러나 이 수줍음은 그 자체로 남근이 된다. 남근의 부재는 여성 신체의 특정 부분이 남근화되는 결과를 초래한다.[15] 할례를 요구하는 공동체에서 여성 할례는 여성이 여성으로 존재할 수 있도록 하는 표식이며, 팔루스의 대체물이다.[16] 그러나 이 표식은 여성의 본질적인 특성을 나타내지는 않기에 비-전체다.

프로이트는 남성 리비도만이 존재한다고 주장함으로써 남성을 완전한 것으로 간주했으며, 여성성은 남성성의 결핍이라고 보았다. 그에 따르면 여성성은 남성성과 마찬가지로 팔루스를 완전한 것으로 보고 추구한다. 이에 비해 라캉은 여성성의 가면이 팔루스의 일시성을 지시한다고 보았다. 이것은 상징계에 의해 포섭되지 않는 것, 비-존재다. 여성은 존재에 도달하기 위해 팔루스를 바라고, 남성은 존재 속에 계속 머물기 위해 여성의 침입을 막으려 한다. 바로 이것이 이슬람 문화권인 중동·아프리카 지역, 심지어는 서구 무슬림 이민자 공동체에서 여성들이 할례를 자발적으로 시도하는 이유다. 여성은 남성들이 추구하는 이상적 가치를 받아들임으로써 팔루스가 되려고 하고, 이를 통해 자신의 결핍과 결여를 메우려 한다. 그리고 여기서 어디까지를 자발적인 것으로 볼 것인가의 문제가 등장한다. 할례를 받아야만 존중받을 수 있는 사회라면 여성 할례는 어디까지나 암묵적 강요로 볼 수밖에 없다.

남성은 공동체의 가치와 전통의 상징으로서 여성 할례를 추구하며, 할례를 받은 여성들을 존중한다. 이때 남성 주체와 할례를 받은 여성과의 관계는 상상적 관계다. 남성 주체가 존중하는 대상은 할례를 받은 여성이 아니라 이슬람의 가치 및 전통과 같은 공동체적 가치이기 때문이다. 여성 할례는 남성 주체의 결핍을 메우고 완전성을 상징하는 기표다. 다시 말해 여성 할례는 남성의 결핍된 완전성을 가리는 환상에 불과하다.

서구의 '보편적' 인권 개념에 대한 비판

인권이라는 근대적 개념은 인간이 이 세상의 주체라는 칸트의 생각에 토대를 둔다. 인권은 주체의 내적 자유와 관련이 있다. 주체 이외의 사람들은 그 자유를 침해할 권리가 조금도 없다. 여기서 자유는 신체를 온전하게 보존할 수 있는 자유를 의미한다. 인권을 옹호하는 사람들은 이러한 인권이라는 관념에 위배된다는 이유로 여성 할례를 반대한다. 그러나 신체의 온전성은 무엇을 말하는 것인가. 신체의 온전성은 주체가 상징적 거세를 겪어야만 가능하다. 주체는 상징적 거세를 통해 상징적 권력을 위임받을 수 있지만 여전히 결여를 가진 존재로 남겨진다.[17]

한편 인권은 성별, 나이, 인종, 종교 등과 무관하게 주체가 존중되어야 한다는 원칙을 갖는다. 이러한 원칙을 적용하면 여성에게 할례를 요구하는 중동·아프리카 등의 공동체에는 인권 개념이 없다고 할 수 있다. 할례를 받은 여성만이 진정한 여성으로 존중받기 때문이다.

여기서 한 가지 질문을 던져볼 수 있다. 과연 성별, 나이, 인종, 종교 등과 무관하게 모든 사람이 존중받는 인권 개념은 가능한가. 인권이라는 개념은 서구의 산물이다. 많은 이슬람 여성운동가들은 서구적인 인권 개념을 보편적으로 받아들이는 것에 의문을 제기한다.[18] 인권 자체에 의문을 제기하는 것이 아니라, 인권 개념이 '보편적'이라는 주장에 문제가 있다고 지적하는 것이다. 살레클Renata Salecl은 '보편성'이라는 개념 자체는 본질적으로 텅 빈 기표라고 주장한다. 보편적인 인권 개념은 '오브제 아'로서만 가능하다는 것이다.[19] 이들은 서구적 개념을 비서구 사회에 강요하는 것은 문제가 있다고 주장한다. '서구와는 상이한 역사와 문화에 기반을 두고 있는 지역의 인권 개념을 서구적 기준으로 평가하는 것이 옳은가'라는 문제를 제기하는 것이다.

대표적인 이슬람의 여성운동가인 노라니 오트만Norani Othman은 서구적 인권 개념이 편협하고 제한적이며 왜곡되었다고 주장한다. 개념의 차원에서 더 나아가 이들은 서구적 인권 개념이 실제로 서구적 헤게모니를 지속시키는 도구가 된다는 점을 지적한다. 남녀평등은 서구만의 개념이 아니라 이슬람의 개념이기도 하며, 인간의 다원성 및 차이의 인정과 수용은 성적 차이의 문제에도 적용된다는 것이다. 이들은 현대 여성의 평등 추구에 위배되는 근본주의적 법률 편찬이 성 평등에 대한 꾸란의 윤리적 원리들과 남성 중심적 해석 사이의 차이에서 비롯되었다고 주장한다.[20]

지젝은 인권이 상징계적인 법으로 지정된 기표이며, 현실의 억압적인 법을 위반하는 방식으로 작동한다고 보았다. 인간의 권리를 침해하는 억압적이고 권위주의적인 법에 대항하기 위해 인권이 존재하며, 그 존재의 방식은 위반의 방식이라는 것이다. 법과 위반의 악순환이 계속되면서 사람들은 법의 초자아성에 종속되며, 더욱더 법에 얽매이게 된다. 사람들은 인권을 통해 해방되는 것이 아니라 법을 위반함으로써 더욱 더 종

속된다.[21]

여성 할례도 같은 차원에서 해석할 수 있다. 이슬람 공동체의 구성원들은 여성 할례를 통해 서구의 보편적 인권 개념과 서구 자본주의에 저항하려 하며, 결과적으로 여성 할례라는 관행에 더욱 더 얽매이고 종속된다고 볼 수 있다.

윤리적 관점에서 본 여성 할례

알랭 바디우Alain Badiou는 현실이 동일성을 전제로 하는 기존 질서와 사건으로 구성된다고 보았다. 그는 사건을 혁명이자 우발적인 것으로 보았는데, 사건은 기존 질서에서 솟아올랐지만 기존 질서로는 도저히 설명이 안 되며, 기존 질서를 재구성하기 때문이다. 그러므로 사건은 동일성에 균열과 틈을 만들어 차이를 생성한다. 바디우는 행복한 삶을 위해서는 이러한 사건의 발생을 억압하지 않아야 한다고 보았다. 그러나 사건은 타자이며, 내가 결코 지배할 수 없는 타자이기에 두려움을 동반한다.

자본주의 체제는 비사건의 체제다. 이윤을 최고 목적으로 설정하는 자본주의는 기본적으로 사건을 봉쇄하기 때문이다. 그런데 겉으로는 사건이며 타자이지만 실제로는 타자가 아닌 것이 있다. 즉, 유사 사건이다. 유사 사건은 사건과 유사하기 때문에 주의해야 한다. 유사 사건은 자신의 뿌리를 찾으려는 목적으로 소속을 정해서 정체성을 고정시키는 데 머물고 만다. 예를 들면, 근본주의는 유사 사건이라고 볼 수 있다. 즉, 가짜 사건이다. 기존 질서에 저항하는 방식으로 인종적·종교적 실체로의 복귀를 꾀하면서 기존 질서에 고착화하기 때문이다. 이것은 또 다른 질서 만들기에 불과하다.

　현대사회에서 여성 할례가 기호와 이미지의 물결, 시뮬라크르를 넘어 실재를 추구하기 위해 시행되고 있다면 여성 할례를 사건으로 볼 수 있다. 그러나 진정한 의미에서 타자와의 만남이나 차이의 생성을 전제로 한 것이 아니라면 이것은 가짜 사건이며, 유사 사건에 불과하다. 특히 서구의 이슬람 공동체에서 서구 사회라는 타자에 대한 불신과 저항을 표현하기 위해 여성 할례를 도구화한다면 여성 할례는 분명 유사 사건이다. 기존 질서에 저항하는 것처럼 보이지만 소속을 정하고 정체성을 고정시키며 근본주의에 기대고 있기 때문이다. 이러한 관점에서 본다면 여성 할례는 결코 윤리적이지 않다.

1 레나타 살레클, 《사랑과 증오의 도착들》, 이성민 옮김(도서출판b, 2003), 232
   쪽.

2 레나타 살레클, 앞의 책, 232쪽.

3 슬라보예 지젝, 《까다로운 주체》, 이성민 옮김(도서출판b, 2005), 604쪽.

4 레나타 살레클, 앞의 책, 238쪽.

5 레나타 살레클, 앞의 책, 233쪽.

6 니체는 금욕주의적 이상의 두 유형을 개념화한다. 양자는 동일한 근본적
   배치에 뿌리를 두고 있기는 하지만 두 개의 아주 다른 방향으로 발전한다.
   그 둘은 능동적 허무주의와 수동적 허무주의. 능동적 허무주의는 여전
   히 정신의 힘의 표현이며, 거기에서 "삶은 삶에 반하여 삶을 해석한다".
   이것은 가상에 대항한 싸움으로서, 실재의 이름으로 "환영들", "거짓말
   들", 상상적 형성물들을 드러내고 폭로하는 태도로서 알랭 바디우가 "실
   재를 향한 열정"이라 부른 것의 한 형태이다. 알렌카 주판치치, 《정오의
   그림자》, 조창호 옮김(도서출판b, 2005)

7 레나타 살레클, 앞의 책, 241~243쪽.

8 레나타 살레클, 앞의 책, 245쪽.

9 슬라보예 지젝, 앞의 책, 605쪽.

10 슬라보예 지젝, 앞의 책, 605쪽.

11 슬라보예 지젝, 앞의 책, 607쪽.

12 에티오피아에는 음핵이 절제되지 않으면 음경처럼 자라나서 남자의 사정을 방해한다는 믿음이 있다. 말리의 밤바라족은 남자가 음핵을 절제하지 않은 여자와 성교하면 음핵에서 나오는 유독성 액체 때문에 죽을 수도 있다고 믿는다. 부르키나파소의 모시족과 말리의 도곤족은 음핵이 아이에게 위험을 끼친다고 믿으며, 출산 시 음핵이 아이의 머리를 건드릴 경우 아이가 죽을 수도 있다고 믿는다. 어떤 부족은 여성 할례를 해야만 여성들의 과도한 성욕을 억제할 수 있다고 믿기도 한다. 여성 할례가 여자들을 가정에 충실하게 만들며, 그래야만 남자들이 일부다처제를 유지할 수 있다는 것이다. 레나타 살레클, 앞의 책, 228~229쪽, 261쪽.

13 여성성에 대한 자궁의 규범은 사실 자본주의의 팔루스 규범을 폭넓게 지원한다. 성별화된 주체의 기표로서 클리토리스에 대한 이데올로기적이고 물질적인 억압이 여성을 값싼 노동력의 최하위 단계에 위치시킨다. "가부장제의 사회관계들이 한 생산양식에 특징적인 사회관계로 지형화"되든, "가족관계들로 쓰인 상대적으로 자율적인 구조"이든지 간에, 혹은 가족이 사회화를 생산하는 장본인이든 이데올로기적 주체를 구성하는 장소이든 간에, 그러한 이질적인 성 분석은 넓은 의미에서건 좁은 의미에서건 억압이다. Annette Kuhn · Ann Marie Wolpe, *Feminism and Materialism: Women and Modes of Production*(London: Routledge & Kegan Paul, 1978), pp. 49~51; 가야트리 스피박, 〈국제적 틀에서 본 프랑스 페미니즘〉,《탈식민 페미니즘과 탈식민페미니스트들》, 유제분 엮음, 김지영 옮김(현대미학사, 2001), 71~72쪽에서 재인용.

14 Elizabeth Grosz, *Volatile Bodies: Toward a Corporeal Feminism*(Bloomington and Indianapolis: Indiana University Press, 1994), p. 157.

15 레나타 살레클, 앞의 책, 234쪽. 여기서 사일러스 미첼Silas Mitchell이 '환상지'라고 지칭한 몸의 이미지와 관련해 음핵 절제술에 대한 언급이 전혀 없다는 것에 대해 생각해볼 필요가 있다. 여성들은 유방 절제술 이후 대체로

환상 젖가슴을 경험한다고 한다. 위 절제술 이후에도 환상 위궤양 등이 발생하는 것으로 보고된다. 그러나 자궁 절제술의 경우 많은 여성들이 우울증을 겪거나 자신감을 잃는다는 보고는 있지만 환상과 관련해 언급된 바는 전혀 없다. 음핵 절제술에 대해서도 마찬가지다. 이것은 여성의 섹슈얼리티가 거세되었다고 파악하는 정신분석학적 이해에 따른 것으로, 이미 결핍으로 설정된 장기를 외과적으로 제거하는 것이므로 전혀 기록이 필요하지 않다는 뜻으로 여겨진다. 여성의 몸 위상이나 몸 이미지에 대한 신경생리학의 침묵은 페미니스트들이 거론할 필요가 있는 저항의 지점을 표시해준다. 일반적으로 신경학과 정신생리학이 거론하는 고유한 '그' 몸 개념은 암묵적으로 남성의 몸을 나타낸다. 심지어 맹장 같이 의식적으로 지각되지 않는 내장 기관이 제거될 때마저도 나타나는 환상 효과가 왜 자궁 절제술의 경우에는 나타나지 않는지 분명하지 않다. 질, 골반, 음핵 등 여성의 성기가 이미 '잃어버린' 장기로 코드화되고 있기 때문으로 추측될 뿐이다. Elizabeth Grosz, op. cit., pp. 70~71.

16 "여성은 존재하지 않는다"라는 라캉의 테제는 여성은 상징 질서로 기표화될 수 없다는 뜻이다. 이는 존재론적인 차원을 의미하는 것으로, 실재계적인 차원이므로 언어화되지 않는다는 뜻이다. 반면, 주디스 버틀러Judith Butler의 "여성은 존재하지 않는다"라는 말은 여성을 하나의 개념으로 정의할 수 없다는 뜻이다. 여성은 하나의 개념으로 정의될 수 없으며, 성, 인종, 계급 등 다양한 의미와 담론이 교차하는 지점으로만 설명할 수 있다는 것이다. 이것은 기표적, 언어적 차원의 내용이다. 육체적인 특징은 상징계에 의해 매개된 상상계에 근거해 의미를 부여받는다. 성은 상징화를 통해 비로소 현실과 상징 질서로 들어오게 된다. "여성성은 가면이다"라는 리비에르의 테제는 성의 이상적 모습 또한 하나의 가면에 불과함을 보여준다.

17 레나타 살레클, 앞의 책, 236쪽.

18 찬드라 무자파, 〈이슬람과 인권〉, 《현대사회와 인권》, 한상진 엮음(나남출

판, 1998), 92~95쪽 참조.

19 Renata Salecl, "See no evil, Speak no evil: Hate Speech and Human Rights", *Radical Evil*, ed. Joan Copjec(London: Verso, 1996), p. 166.

20 노라니 오트만, 〈이슬람 문화와 여성의 시민권〉, 《현대사회와 인권》, 한상 진 엮음(나남출판, 1998), 95~96쪽 참조.

21 슬라보예 지젝, 《이라크: 빌려온 항아리》, 박대진 외 옮김(도서출판b, 2004), 166~168쪽.

민족 담론과의 결별, 여성-되기
소설 《죽으려고 눕다》를 중심으로

'제3세계적'이라는 표현은 이제 우리에게 매우 익숙하다. 그러나 이 표현을 마주했을 때 문득문득 당혹감이 들기도 한다. 최근 소위 제1세계 국가에서 '포스트식민' 연구가 하나의 분과로 자리 잡고 성장하면서, 포스트식민 연구 또한 오리엔탈리즘의 재생산에 공공연하게 일조하고 있다는 것을 모두가 암묵적으로 인정하고 있기 때문이다. '제3세계' 또는 '주변'이라는 대상을 규정하는 주체는 중심이다. 따라서 포스트식민 연구가 제도화되는 과정에서 서구/남근 중심의 틀은 교묘하게 반복되며 공고해진다. 그뿐만 아니라 이러한 작업이 서구/비서구의 분리주의적 세계관을 고착시키는 데 기여할 가능성도

크다. 이는 서구가 제국주의의 시장 논리에 따라 '지역학'이라는 학문 분야를 창설하고 세계의 중심을 서구로 정한 후 오리엔탈리즘이라는 프리즘을 만들어 세계적으로 수출했던 과거의 행보와 전혀 다르지 않다. 제3세계의 원초적 한恨은 여기서 시작된다.

가부장제가 역사에 따라 그 형태를 달리하며 면면히 그리고 은밀하게 강화되고 있는 것처럼, 서구에서 성장하고 있는 포스트식민 연구나 제3세계에 대한 관심 역시 서구 중심성과 남근 중심성을 강화하는 데 동원될 가능성이 크다. 이데올로기의 그물망에 포획되지 않는 것이 쉬운 일은 아니기에, 제3세계 여성의 글쓰기를 언급할 때는 이런 딜레마를 전제로 출발할 수밖에 없다.

아달렛 아아오울루Adalet Ağaoğlu의 《죽으려고 눕다Ölmeye Yatmak》는 '여성의 글쓰기'를 고민한 흔적이 엿보이는 작품이다. 아달렛 아아오울루는 70년대 후반부터 80년대에 이르기까지 터키 문단을 주도했던 페미니스트 작가로, 여성을 억압하는 터키의 상황에 반기를 들었다.

제3세계로 들어가기 위하여:
민족주의의 경계에 선 여성들

제3세계를 이해하려면 서구를 따라 근대화를 이룩한 근대화 후발국의 상황을 점검해야 한다. 제3세계 여성에게는 서구 제국주의와 가부장적 이데올로기를 모두 극복해야 한다는 숙제가 있다. 또한 최근 제3세계 국가에서는 전통이 근대로 이어지는 과정에서 여성성이 과거의 억압적 장치들을 어떻게 재현해내고 있는지가 매우 중요한 문제로 부각되고 있다. 특히 반제국주의와 반가부장주의를 지향해야 하는 제3세계 국가에서는 전통 담론이 오리엔탈리즘을 극복할 수 있는 대안으로 활용되기도 한다. 서구에 저항해 독립 투쟁을 했던 대부분의 제3세계에서 여성에게 민족 담론이나 국가 이데올로기를 강요했기 때문에 제3세계 여성들은 스스로 여성 문제를 제기하지 못한다는 한계를 갖는다.[1] 그뿐만 아니라 서구로부터의 독립을 지향할 때 모색되는 전통에 대한 집착과 찬양은, 많은 경우 가부장적 기제로 포장되어 있어 여성의 희생을 요구할 수밖에 없다.

아달렛 아아오울루는 《죽으려고 눕다》를 통해 터키 공화국이 수립되는 과정에서 부각된 '터키 민족주의와 여성의 관계'

를 새롭게 조망한다.[2] 민족주의와 여성의 관계에서 여성은 철저하게 민족을 의미하는 역할을 수행하며, 전통적인 남성 중심적 서사는 여성을 민족 알레고리로 사용한다. 이러한 민족주의와 여성의 관계를 고찰하기 위해 아달렛 아이오울루는 근대성과 여성의 관계에 문제를 제기한다. 근대의 남성 중심적 성격을 강조하다 보면 남성이 역사 발전을 주도했으며 그 과정에서 여성은 무력했다고 볼 수밖에 없다. 따라서 여성이 역사적 과정에서 뚜렷한 역할을 담당하고 적극적으로 기여했다는 사실을 고려하지 못한다. 이렇게 역사를 단일한 서사 구도로만 바라보게 되면 역사를 이끄는 집단적 주체의 역할을 떠맡는 존재는 어김없이 남성이 될 수밖에 없으며, 여성은 역사적 서사의 주체라기보다는 대상으로서, 즉 타자로서만 존재할 수 있다. 이러한 배제의 논리에 대응할 수 있는 한 가지 방법은 여성성을 상징적으로 드러내는 대항 신화를 구성함으로써 남성과 여성의 역할을 역전시키는 것이다.[3] 그러나 단일한 대안적 신화를 통해 여성이 근대성과 맺는 독특한 관계를 하나로 포괄하려는 시도는 여성의 역사를 하나로 고착시키는 또 다른 보편화에 빠질 위험이 있다. 전체를 포괄하는 하나의 단일한 여성성의 이미지로 여성의 역사를 포섭하고 상징할 수 있다고 가정하기 때문이다. 그러한 전략은 여성과 근대성이 모두 일의적인 의미를 갖는다고 믿어버리는 까닭에 여성이 역사적 과정과 맺는 관계의 다양성과 복잡성을 제대로 전달하지 못한다. 그러므로 근대성이 여성성과 맺는 관계를 보여주는 다양하고도 서로 경합하는 재현물들을 분석함으로써 그 관계의 복잡성을 해명하는 것을 목표로 삼는 접근 방식을 선택하는 것이 바람직하다.[4]

민족 담론의 허구적 인식과 결별하다

터키에서의 여성 해방은 그야말로 위로부터의 개혁이었다. 그러므로 터키에서의 여성 혁명과 제도 개선은 철저하게 민족 해방의 차원에서 이루어졌으며, 따라서 여성이 민족의 알레고리로 사용되는 한계가 있을 수밖에 없었다.

아달렛 아이오울루는 진보적 근대국가가 수립되는 과정에서 실행된 여성 개혁이 과연 여성의 삶에 근본적인 변화를 가져왔는지 문제를 제기한다. 서구에 저항하고 국가와 민족의 위기를 극복하려는 과정에서 구체화된 여성 혁명이 과연 터키 여성에게 어떤 득과 실을 가져왔는지 진지하게 묻기 시작한 것이다. 이는 신격화되어 마치 진리처럼 받아들여지는 초대 대통령 무스타파 케말 아타튀르크의 과업을 여성주의적으로 재평가한 것이었다. 아달렛 아아오울루는 '여성 혁명'과 '터키 민족주의'라는 대과제 속에서 소외되고 종속되어온 여성의 삶을 돌이켜 보며, 세속화와 서구화를 추진하는 터키의 진보적 남성 지식인 역시 전통적 가부장제에 깊이 의존하고 있음을 깨닫게 된다. 또한 그녀는 다원적·다층적으로 구성되어 있는 사회에서 여성을 하나로 묶을 수 없음을 알게 된다. 그 안에 녹아들어 있는 '차이'를 보았기 때문이다. 도시와 시골이라는 공간의 이질성, 그리고 계급과 신분의 차이를 모두 포괄하는 여성 혁명은 이루어지지 않았던 것이다. 여성 혁명은 민족과 국가의 번영을 위한 것이었기 때문에 그 한계가 너무도 명확했다.

아달렛 아아오울루는 《죽으려고 눕다》에서 공화국 출범 이후 터키 지식인 여성의 삶을 새로운 시각으로 점검한다. 그녀는 소설 속에서 한 대학의 부교수인 지식인 여성의 위기와 분열이 사회적 증상과 무관하지 않음을 면밀히 짚어낸다. 여주인공인 아이셀의 인생에서 가족과의 관계, 결혼, 제자와의 불륜, 자살 기도 등의 사건들을 엮어냄으로써 한 여성의 개인사를 당시 사회의 이념과 제도 변화 속에서 읽어낸 것이다. 사회 비판은 아이셀이 어린 시절을 회상하고 현재를 진단하면서 이루어진다.

아이셀은 개인적·사회적 삶의 붕괴로 인한 자괴감을 극복하지 못하고 자살을 계획한다. 소설은 아이셀이 자기 자신과 나눈 대화와 질책으로 가득 차 있다.

죽기 위해 침대에 누운 아이셀은 공화국 초기였던 유년 시절을 회상한다. 어린 아이셀은 언제나 아타튀르크의 이념에 부합하는 터키 여성이 되기를 소망했다. 성공에 대한 아이셀의 갈망은 그녀를 한시도 편안하게 놓아두지 않는다. 다음은 아타튀르크가 설정한 이상적 여성상에 맞게 성장해야 한다는 그녀의 강박이 얼마나 심한 것이었는지 알 수 있는 대목이다. 아타튀르크를 향한 사랑과 존경, 경외심 또한 역력하게 드러난다.

"그러나 아타튀르크와 원로 교수님 앞에 섰던 그때 내 나이는 고작 열 살이었다. 내가 신고 있던 뱀가죽 구두…. 그런데 도저히 논문을 찾을 수가 없구나. 아, 결국 찾기는 찾았다. 그리고 자루에서 팥을 한 사발 꺼낸다."[5]

"아타튀르크님을 만나보고 싶다. 여름방학이 되면 고모는 나를 플로리다에 데려다줄 거라고 하셨다. 어쩌면 거기서 그분을 만날 수 있을지 몰라. 생각만 해도 가슴이 뛴다. 그분이 말씀하신 문명화된 엘리트 여성, 그리고 국가와 민족에 이로운 사람이 되기를 아버지의 이름을 걸고 나 자신과 약속해본다."[6]

다음은 아이셀이 꾼 꿈 내용이다. 음식이 든 냄비와 자신의 논문을 혼동하는 아이셀의 모습은 그녀가 지식인 여성의 삶과 전통적 여성의 삶이 상충하는 지점을 보여준다. 일하는 여성, 지식인 여성, 즉 아타튀르크 이념에 부합하는 이상적 여성상을 내면화했던 아이셀의 분열은 여기서 끝나지 않는다.

"눈이 떠지지가 않는다. 눈을 조금 떴다가는 할 수 없이 다시 감아버린다. 아타튀르크의 얼굴을 쳐다보는 것도 힘이 든다. 그분 얼굴이 마치 화로에 남겨진 재가 날아다니는 것처럼 부옇게 보인다. 재를 휘휘 불어 날려버리면서도, 또 한편으로는 '그래, 네 논문은 어디 있느냐' 하시는 것만 같다. 숨통이 조여오는 것 같다. 지치고 쓰러질 듯 힘이 든다. 완전히 탈진했다. '네 논문 어디 있어?' '논문을 좀 보여줘 봐' '논문 어디 있냐니까?' 오른쪽에는 말을 타신 교수님의 짙은 녹색 눈동자가 빛나고 있다. 그 왼쪽 옆에 말을 탄 교수들이 뭔가 무겁고 제본한 것처럼 보이는 것들을 들고 있다. 가만히 들여다보니 책이다. 아니다. 알고 보니 음식 접시다. 손에 포크와 나이프를 들고 있다. 이번에는 테이블에 둘러앉는다. 포크와 나이프로 테이블을 두드리며 재촉을 한다. '논문 가져와, 논문 가져와 ….' 놀라서 그분들 앞에 잘 요리된 토마토와 피망 돌마[7]를 가져다 놓는다. 이제 막 오븐에서 꺼낸 따뜻한 요리다. '자, 논문 여기 있어요 …. 여기 있다니까요' 하고 말한다. 그때까지 나는 테이블 위에 가져다 놓은 게 돌마라는 것을 알지 못했다. 문득 정신이 들어 살펴보니 앞에 놓여 있는 것은 논문이 아니라 돌마 냄비다. 부끄럽다. 정말 아타튀르크께는 더더군다나 면목이 없다 …."[8]

공화국 출범 시기 초등학교를 다녔던 세대는 유독 국부인 아타튀르크를 광적으로 집착하고 숭배했다. 초등학교 시절에 대한 아이셀의 회상에서 아타튀르크를 향한 찬사를 볼 수 있다. 아타튀르크에 대한 사회적 환상과 연결되는 인물이 바로 듄다르 선생님이다. 아이셀이 보기에 듄다르 선생님은 아타튀르크를 향한 존경과 사랑을 몸소 실천하는 분이다. 듄다르 선생님은 단 한 번도 아타튀르크의 이념에서 벗어난 행동을 한적이 없는 진정한 아타튀르크주의자이자 진보적 민족주의자다. 또한 터키의 민족 주체로서 명확한 이데올로기 및 체제 수호와 임무 수행에 대한 확고한 신념을 갖고 있다는 점에서 당시를 잘 나타내는 인물이다.

"듄다르 선생님도 왼쪽 끝에서 커튼 앞쪽으로 나섰다. 태양처럼 위대한 지도자를 대신해서 자기가 직접 연설할 수 있다는 사실 때문에 기쁨에 가득 차 있었다. 뼈가 앙상한 얼굴 때문에 혈관이 밖으로 튀어나올 것 같았다. 선생님이 연설을 시작하셨다. '친애하는 귀빈 여러분. 이 연설을 좀 더 일찍 했어야 한다는 것을 잘 알고 있습니다만, 위대하신 우리 지도자 아타튀르크님보다 제가 먼저 하고 싶지 않았습니다. 위대한 그분이 계신데 어찌 첫 연설을 저희 같은 사람이 시작할 수 있겠습니까."[9]

아타튀르크와 진보적 민족주의자 듄다르 선생과의 관계는 형제애를 기반으로 한다. 듄다르 선생의 가르침은 지식인으로 성장하고자 했던 아이셀에게 큰 원동력이 되었지만, 지식인 여성으로서의 자아 정체성을 마련하는 데는 아무런 도움도 주지 못한다. 당시 진보적 지식인 남성, 즉 아타튀르크주의자는 교육적인 혜택을 제공하는 것이 여성 문제를 해결하는 방법이라고 보았다. 그러나 아타튀르크주의자들이 주장한 제도 개혁과 여성 교육은 당시 가장 빠르게 근대화 개혁을 받아들였던 부르주아 계급을 통해 진행될 수밖에 없었다. 그뿐만 아니라 전통적 가치에 보다 오랫동안 노출될 수밖에 없었던 농촌과 노동자계급에서는 간신히 교육의 혜택을 받을 수 있는 여성만이 자신이 처한 계급의 한계를 벗어날 수 있었다. 결국 교육제도 역시 계급의 재생산일 뿐이었던 시스템의 문제를 극복할 수 없었던 것이다. 근대화와 여성 혁명의 일환으로 시작된 여성 교육은 근대적 틀을 형성하면서 여성의 계급과 차이를 생산하는 데 기여하게 되었다.

이 소설은 여성이라는 동질성으로 묶어내기에는 너무도 큰 여성 간의 차이와 이질성을 세미하와 아이셀의 관계를 통해 그려낸다. 다른 한편으로 이들은 터키 사회와 문화의 양면성을 대변한다. 작가는 아이셀을 통해 공화국 초기에 교사들이 양성한 터키 여성의 전형을 그려낸다. 공화국 출범 이전 세대인 아이셀의 언니 세미하는 여성 교육의 혜택을 받지 못한 세대로 언제나 아이셀을 부러워하며 소외감을 느낀다.

"아, 아이셸. 너는 정말 좋겠다. 너는 아타튀르크께서 서거하신 그날 울었다고 했지. 그리고 네 친구 모두하고 선생님도 통곡하며 울었다고 했지. 나도 네 글을 읽으면서 엉엉 울었단다. 우리 위대하신 지도자였던 아타튀르크의 죽음과 내 운명을 생각하면서 말야. 나도 거기, 학교에 있었다면 함께 있던 모든 사람과 함께 울었을 거야 …."[10]

세미하가 느꼈던 소외감과 아이셸을 향한 부러움은 그녀의 편지에서 보다 분명하게 드러난다.

"내 하나뿐인 동생아, … 나도 너처럼 되는구나. 그날은 이제 다 어디로 갔는지. … 아버지가 그때 허락만 하셨던들, 네 언니인 나도 공부를 할 수 있었을 텐데. 아, 아이셸, 너는 정말 좋겠다. 너는 정말 터키 여성으로서 제대로 성장했구나!"[11]

아이셸이 공부를 열심히 했던 것은 지식인 여성으로서 무엇인가 해보고자 하는 열망, 그로써 자신의 존재를 입증하고자 하는 열망 때문이었다. 이러한 아이셸의 열망은 초등학교 시절에 시작되었다.

"만일 아버지가 나를 대학교에 보내주시지 않는다면, 나는 결심했어. 나도 초등학교 선생님이 될 거야. 고등학교만 나온 사람도 초등학교 선생님을 시켜줄까? 내 목적은 어찌되었든 우리도 뭔가 할 수 있다는 것을 보여주는 거야."[12]

아이셀은 고등교육을 받은 여성임에도 불구하고 여성으로서의 삶과 지식인 여성이라는 위치 사이에서 위기를 맞는다.

"발 마사지를 해주는 괴뉼에게 나는 이렇게 한다. 괴뉼이 발을 물에서 꺼내 발끝을 부비기 시작하면 나는, '빨리 해요. 늦으면 안 돼요' 하고 재촉하기 시작한다. '빨리 해요. 학회에 늦는다구요. 연구소에 제출할 것들을 아직 더 준비해야 해요.' 아니면, '아, 수업에 늦었어요' 한다. … 언제나 중요한 일들을 해야 한다고."[13]

아나톨리아의 조그만 시골 마을에서 태어나 도시로 이주해서 공부한 후 다시 고향으로 돌아간 아이셀은 문화적 차이에 직면하고, 내면 갈등은 갈수록 심화된다. 이 소설은 아이셀의 정신세계와 아이셀이 겪는 사회적 문제들, 아이셀이 부교수가 되기까지의 과정을 상세히 묘사하는데, 그 과정에서 당시 현실이 생생하게 드러나기에 아이셸은 현실과 상징이라는 양면적 가치를 지닌다.

"내가 고향에 갈 때마다 가장 참을 수 없는 것은 어머니와 아버지가 내게 차도르를 쓰라고 하는 것이다. 전에도 말했지만 이 고장 사람들 가운데 우리 나이 또래의 여자들은 차도르를 쓰지 않아. 단지 학교에 갈 때 가볍게 스카프를 쓰는 정도지. 불멸의 우리 조상들은 우리가 깨어 있고 문명화되기를 바랐다고 하는데, 내가 여기서 차도르를 쓰고 돌아다니는 것을 우리 선생님이 보셨다면 뭐라고 하셨을까?"[14]

제도화/도구화된 섹슈얼리티 자각: 여성-되기

여성 섹슈얼리티는 남성 중심적 세계에서 철저하게 통제의 대상이었으며, 이러한 통제를 통해 가부장제적 권력이 끊임없이 재생산되고 강화될 수 있었다. 섹슈얼리티를 자연적 현상으로 이해하는 것은 여성의 몸이 사실상 '역사적 텍스트'임을 간과하는 것이며, 생체권력이 여성을 종속적 타자로 만들어왔다는 사실을 묵인하는 것이다. 미셸 푸코Michel Foucault는 본질주의적인 섹슈얼리티 이해를 정면으로 비판하고 나서면서 권력과 섹슈얼리티가 어떤 메커니즘으로 작동하는지 분석했다. 푸코는 출산을 위해 성을 통제해야 한다는 주장이 여성의 몸을 어떻게 훈육시키고 여성 섹슈얼리티를 어떻게 제도화·도구화시켰는지 보여준다. 푸코에 따르면 근대적 이념에 따라 국가가 생겨났으며, 국가를 작동시키는 데 필요한 민족주의/국가주의 이데올로기는 여성의 몸과 섹슈얼리티에 대한 제도적 통제를 기반으로 한다. 따라서 남성 권력 내부로 제한되었던 여성의 섹슈얼리티는 당연히 그 외부에 존재할 수 없다.

남성적 가치 밑에서 진행된 근대화와 민족 담론 속에 여성을 위한 공간은 존재할 수 없었다. 터키의 경우 제국주의에 대한 저항은 전통과의 단절을 의미하는 반이슬람 및 세속주의 노선을 취하는 것이었다. 그러나 이는 여성의 희생을 담보로 했으며, 남성 중심적 가부장제 이데올로기를 전제했다. 아아오울루는 이러한 세속화와 민족 담론 속에서 근대적 여성의 균열을 보았다.《죽으려고 눕다》에서 아이셀은 성차의 문제를 극복하지 못하는 자신을 돌이켜 본다. 아이셀은 아주 어린 나이부터 지식인으로 성장하고 싶어 했으나 지식인 여성으로서의 정체성에 대해 생각해볼 시간이나 기회를 갖지 못했다. 젠더 역할과 성차가 결여된 지식인 여성상은 아이셀에게 매우 커다란 균열을 일으킨다.

아이셀은 자신의 삶을 돌이켜 보면서 비로소 제도 교육의 허점과 공백을 깨닫는다. 아이셀의 내부에 일었던 분열과 문제의식은 여성에게 근대적 교육과 공직에 진출할 수 있는 기회를 제공한 제도 개혁이 여성 해방에 근본적인 도움을 주지 못했음을 비판한다. 여성의 섹슈얼리티에 대한 도덕적 기준을 여전히 남성 권력이 장악하고 있었기 때문이다. 서구식 근대 교육을 받은 신여성들은 여성의 권익 신장을 위해 투쟁하고 여성의 계몽과 민족의 자주독립에 공헌했지만, 새로운 성도덕을 주장했던 그들의 시도는 좌절되었으며 공화국 출범 이후 진행된 터키 민족주의자들의 여성 해방에서도 성 규범과 통제는 여전히 유효했다.

전통적인 성 규범으로 받아들여졌던 정절 이데올로기는 그 면모를 계속 유지했다. 아달렛 아아오울루는 주인공 아이셀의 혼외정사를 통해 철통처럼 유지되던 이슬람 여성의 정절 이데올로기에 정면으로 도전한다. 아이셀은 지식인 여성으로서의 분열과 남편과의 갈등에서 탈출하려는 시도로 제자와 혼외정사를 갖는다. 그 이후 남편의 아이인지, 아니면 단 한 번 관계를 가진 제자 르자의 아이인지 알 수 없는 아이를 갖게 된다. 정절 이데올로기는 물론 지식인으로서의 모든 도덕적 가치 기준을 홀연히 버리게 된 아이셀은 이때 비로소 자신의 내면을 바라보게 된다.

유년 시절부터 아타튀르크의 이념에 부합하는 여성으로 성장하기를 희망했던 아이셀은, 자신이 따르고자 했던 모든 관념과 가치가 허구임을 자각하고 자살을 결심한다. 죽기 위해 어느 호텔 방에 혼자 누운 아이셀은 약 한 시간 반 정도 자신의 일생을 돌이켜 곱씹어본다. 아이셀은 죽음을 시도하기 위해 누운 그 순간 비로서 문득 모든 죄악에 면죄부를 받고 다시 태어난 것만 같은 행복감에 사로잡힌다.

"내가 새롭게 나를 단장했고 새삼 성장하는 것처럼 느껴진다. 이제 비로서 내게 주어진 권리들을 활용해야지. 내게 새롭게 주어진 권리들에 손을 뻗는다. 터키에서 뭔가 특별한 여성이 된 느낌이다. 죽음은 나 스스로 택했으며, 그것은 내 권리다. 나는 나 자신을 위해서 죽는 것이다."[15]

아이셀이 느꼈던 위기와 죄의식은 결국 아이셀이 자살을 기도하도록 떠밀었다. 그러나 그녀는 내부 갈등과 분열을 통해 여성으로서의 정체성을 찾게 된다. 사회나 역사가 주입한 이데올로기, 즉 사회적 환상이 아닌 진정한 자아를 발견하면서 새로운 인생을 찾게 된 것이다. 아이셀은 민족적 주체나 공화국 여성, 지식인 여성이 아닌 진정한 '여성-되기'를 시도할 각오를 한다. 온갖 사회의 금기와 도덕적 가치를 뒤엎고 누구의 아이인지 알 수 없는 아이를 낳을 결심을 하게 된다. 아버지가 분명하지 않은 아이, 배 속에 꿈틀거리는 아이는 아이셀을 진정한 여성으로 거듭나게 하는 가능성이자 생명이다.

"나는 다시 옷을 입는다. 가방에서 꺼낸 물건을 다시 제자리에 챙겨 넣는다. 하나하나 살펴보고 챙겨 넣으며 가방을 정리한다. 연필들은 여기에, 콤팩트 자리는 여기, 오천 리라는 지갑에, 스미츠반 조각은 봉지에, 빗은 여기, 노트는 여기 주머니에. 입술에 루즈까지 바른다. … 얼마간 투쟁은 해야 하겠지만 아이를 키우고 싶다. 아이가 시계 수리공의 아들 르자의 아이든, 아니면 외메르의 아이든. … 어쩌면 아이가 생긴 게 아닐지도 모르지. 어쩌면 나 스스로를 다시 한 번 키워보고 싶다는 소망의 표현인지도…"[16]

그녀의 자궁 속에서 꿈틀거리는 생명은 죽음을 기도했던 아이셀을 다시금 삶의 궤도로 돌려놓는다. 이는 아이셀이 지식인임에도 불구하고 여성이라는 이유로 받았던 차별이나 아타튀르크에 대한 콤플렉스에서 벗어나 여성으로 다시 태어남을 의미한다. 아버지를 모르는 아이를 낳는 것은 절대적인 아버지의 질서 속에서 유지되어온 가부장적 질서의 파괴를 의미한다. 아이셀이 스스로를 모성과 재생산의 수단 안에 가둘 수 있다는 위험도 배제할 수는 없다. 그러나 아이셀의 결심은 임신과 출산을 통해서만 여성의 정체성을 인식하는 것과는 다르다. 닻이 될 수도 있고 돛이 될 수도 있는 불안한 출발. 이렇게 그녀는 새롭게 태어난다. 가부장적 질서와 여성 섹슈얼리티에 대한 이중 잣대에서 벗어난 아이셀은 새로운 희망 속에서 호텔 방을 나선다.

반제국주의와 반가부장제라는 공통의 운명을 지닌 제3세계 여성에게는 민족 담론의 허구성을 인식하고 민족 이데올로기와 결별을 고하는 것이 진정한 '여성-되기'의 첫걸음일 수 있다. 여성적 글쓰기의 양상은 각국의 정치·경제·사회·문화적 상황에 따라 다르게 나타날 수 있으나, 민족 담론에 대한 아달렛 아아오울루의 도전은 당시 진리로 받아들여졌던 초대 대통령 아타튀르크의 공화국 이념을 부정한 것이었기에 매우 긍정적인 평가를 얻을 만하다. 아달렛 아아오울루의 글쓰기는, 여성의 문제는 남성과 여성의 관계로만 접근 가능하며 반제국주의를 위한 민족 담론은 여성에게 무의미하다는 것을 일깨워주는 '탈식민'의 작은 실천으로 볼 수 있을 것이다.

1 "여성의 이해관계와 여성의 권리를 쟁취하기 위해 투쟁하는 데 적절한 순간은 현재에도 없고 과거에도 결코 없었다. … 식민주의에 대항하여 해방 투쟁을 하는 동안에도 없었다. 왜냐하면 모든 세력들은 주요 적대 세력인 프랑스 식민주의에 저항하는 데 힘을 결집해야 했기 때문이다. 독립 이후에도 없었다. 왜냐하면 모든 세력들은 황폐해진 나라를 재건하는 데 힘을 결집해야했기 때문이다." Gayatri Chakravorty Spivak, *Outside in the Teaching Machine*(New York: Routledge, 2008), p. 160 ; 임옥희, 〈스피박의 페미니즘: 탈식민 공간을 위하여〉, 《여/성이론》 제6호(여성문화이론연구소, 2002), 219쪽에서 재인용.

2 호미바바Homi. K. Bhabha는 통합적인 것으로 여겨지는 민족 내의 문화적 차이와 이질적인 역사를 가려내고 살려내기 위해 '빗금 쳐진 민족: 그 자체the barred Nation: It/Self'를 도입한다. 이 빗금 쳐진 민족은 민족의 영원한 자기발생self-generation이라는 개념을 낯설게 하고, 내부의 문화적 차이와 경쟁 중인 사람들, 적대적인 권위들, 그리고 긴장된 문화적 위치들의 이질적인 역사에 의해 표지되는 공간, 즉 문지방적 경계의liminal 사회적 재현 형식이 된다. Homi. K. Bhabha, "Dissemination", *Nation and Narration*(New York: Routelege, 1990), pp. 298~299.

3 스피박은 《다른 세상에서*In Other Worlds*》에서 포스트콜로니얼 시대의 민족주의 담론 및 운동이 기반하고 있는 본질주의와 계급 지상주의적 평가를 피하면서, 하위주체 연구 그룹 내부에서 내부의 결을 거슬러 읽는 해체적 독법을 제시한다. 제3세계는 정치적 독립 후 민족주의에 매진했지만, 이러

한 탈식민화 과정 역시 전 지구적 자본의 끊임없는 재배치 과정과 무관하지 않게 진행되어왔다. 여성은 국제적 노동 분업에서 가장 열악한 희생자로서 식민지배−정치독립−신식민지화라는 복잡한 재배치, 경제적 담론 치환에서 여전히 도구로만 활용되고 있다. 또한 계급으로서의 여성이나 하위주체들의 의식은 동질성에 의해서가 아니라 항상 재현/대표 불가능한 잉여의 지점들이 있는 이질성에 의해서 구성된다. 가야트리 스피박, 《다른 세상에서》, 태혜숙 옮김(여성문화이론연구소, 2008).

4 리타 펠스키, 《근대성과 페미니즘》, 김영찬 옮김(거름, 1999), 29~30쪽.

5 Adalet Ağaoğlu, *Ölmeye Yatmak*(İstanbul: Yapi Kredi Yayinlari, 1994), p. 321.

6 Ibid., p. 321.

7 피망이나 가지 등 채소의 속을 파서 쌀과 고기, 채소 등을 넣고 익힌 밥으로, 터키의 전통 음식이다.

8 Adalet Ağaoğlu, op. cit., p. 321.

9 Ibid., p. 13.

10 Ibid., p. 35.

11 Ibid., p. 59.

12 Ibid., p. 261.

13 Ibid., p. 193.

14 Ibid., p. 73.

15 Ibid., p. 115.

16 Ibid., p. 317.

9

이슬람 페미니즘과 탈식민주의

이슬람 여성의 지위와 이슬람의 여성관은 시대에 따라 변화해왔다. 이슬람 초기 여성의 위치와 현재 여성의 위치가 다르며, 꾸란에서 제시한 이상적 여성관과 여러 요인들이 복잡하게 얽혀 있는 현실에서의 실제적 여성상이 다르다. 또한 오늘날 각 이슬람 국가에서의 여성의 위치와 역할은 종교보다는 주로 국가의 이념, 경제 발달 수준, 사회계층의 분포도, 각 국가의 역사적 상황 등에 의해 좌우되고 있다.

서구의 식민지로 전락한 후 서구 열강의 가혹한 탄압과 경제적 수탈로 씻을 수 없는 좌절을 경험한 이슬람 사회에서는 이슬람의 가치를 다시 회복하고 서구와의 협력과 조화 속에서 새로운 진로를 모색하려는 이슬람 부흥운동이 등장했다. 이슬람 부흥운동은 시대 상황에 적절하게 대응하며 발전해왔다. 제국주의 열강의 침탈에 대항한 총체적 운동인 이슬람 부흥운동은 반외세와 반세속을 바탕으로 이슬람의 정통성과 권리를 보호하고 발전시키자는 취지를 담고 있었다. 이 운동은 이슬람 전통과 현대화 사이에서 발생하는 모순과 갈등을 합리적이고 조화롭게 극복하려는 지적 고뇌의 표현이요, 현실적인 대안이었다.[1] 사우디아라비아의 와하비즘Wahhabism이 이슬람 부흥운동의 대표적인 사례다.

이슬람 국가 내에서도 터키와 다른 중동 국가들의 노선은 전혀 다르다. 1세기 말까지 오스만 제국은 범이슬람주의 정책을 표방하고 이슬람권의 대동 연대를 통해 서구 기독교에 저항하는 논리를 개발했다. 그러나 제1차 세계대전에서 패배한 오스만 제국은 터키 공화국으로 새롭게 출범했고, 초대 대통령은 강력한 '서구화—세속화' 정책을 추진하며 이슬람을 청산해야 할 과거의 유산으로 취급했다. 또한 이슬람은 제1차 세계대전부터 공화국 수립(1923)까지의 기간에 형성된 세속주의 노선의 민족주의에게 패권을 넘겨주고 만다. 현재 터키는 이슬람 국가 중에서 가장 성공적으로 세속화를 실행시킨 국가다.

터키를 제외한 이슬람 국가의 지식인 일부는 하느님의 마지막 대리인인 무함마드를 믿는 자신들이 서구에 뒤지는 이유가 무함마드의 교리를 정확히 따르지 않았기 때문이라고 생각했다. 이에 따라 무함마드의 기본 정신으로 돌아가야 한다는 근본주의fundamentalism가 생겨나기 시작했다.[2] 이란에서 시아파의 이슬람 혁명이 일어난 뒤 근본주의 세력은 더욱 강성해졌다. 그런데 이슬람 부흥운동과 근본주의가 힘을 얻게 되면서 식민 시대에 민족주의와 노선을 함께했던 여성운동은 이슬람의 틀 안에서 방향을 정하게 되었다.[3] 이슬람의 페미니스트들은 꾸란과 무함마드의 언행록인 하디스를 재해석함으로써 이슬람에서의 여성의 의미와 지위를 점검하려 했다. 이슬람 근본주의가 발생한 후 이슬람 여성의 권리 투쟁은 서구를 모방하기보다는 이슬람이 보장한 여성의 권리를 재인식하고 여성의 재정적 권한을 회복하는 데 기초했다. 정체성 회복을 위한 이슬람 여성의 이 고유하고 독특한 노력이 1980년대 이후 아랍·이슬람 문화권에서 일었던 페미니즘 물결이다. 이러한 노력의 일환으로 이슬람 여성의 정체성을 고수하고자 엘리트 여성들이 베일 착용 운동을 벌이기도 했다.[4]

한편 이슬람 안에서 진로를 모색하는 전통주의자의 입장은 결국 민족 담론을 함축하고 있으며, 이슬람주의라는 방향성 자체가 문화 민족주의라는 이슬람 국가의 한계를 반영한다는 것이 세속주의 페미니스트들의 반론이다. 이슬람 국가에서 합법적으로 진행 가능한 페미니즘 담론은 고작 한두 개이기 때문이다. 하나는 상품화되고 성적으로 착취당하는 서구 여성들과 보호받는 이슬람 여성을 대립시키는 것으로, 악마화된 타자에 의존하는 전략이다. 두 번째는 현재의 차별적인 성적 실천들이 사실은 이슬람적인 가치가 아니라고 비난하면서 이슬람이 타락하기 전의 황금기 신화에 의존하는 것이다. 비록 첫 번째 전략의 함축 관계는 보수적이고 두 번째 전략의 함축 관계는 보다 진보적이라 해도, 두 전략은 동일한 담론 공간을 발생시킨다. 바로 남성과 여성에 의해 동일하게 재생산되는 민족주의 담론으로 만들어지는 공간이다.[5]

이슬람의 세속주의 페미니스트들은 다음과 같은 이유로 여러 탈식민 국가에서 민족주의 전통을 강조하는 현상에 반론을 제기한다. 그들은 페미니즘을 서구 문화의 아류로 보는 시각에 반대한다. 세속적 담론으로서의 페미니즘을 포기하면 근본주의의 입장을 받아들이게 되며, 이는 지난 세기 동안 페미니스트들이 축적해온 중요한 성과의 정당성을 상실하는 결과를 낳기 때문이다.

1980년대 후반 서구에서 전래된 '차이 담론'은 이슬람 국가에서 페미니즘 진영을 분화시켰다. 서구에서 진행된 다문화주의와 정체성에 대한 논의가 페미니즘 이론화 작업에 적지 않은 영향을 미쳤던 것처럼, 후기구조주의나 다문화주의 논쟁은 중동 국가들이 학문적 향방을 모색하는 데 중요한 역할을 했다. 특히 에드워드 사이드Edward Said의 오리엔탈리즘에 영향을 받은 후기 오리엔탈리스트들은 이국적이고 에로틱한 하렘 여성으로 재현되는 '오리엔탈' 여성의 이미지를 해체하는 데 주력했다. 그러나 후기 오리엔탈리스트들은 식민주의자와 피식민주의자, 서양과 동양, 기독교 문명과 이슬람 문명, 서구-주체와 원주민-타자 등의 이분법적인 사고 안에 갇혀 있으며, 여전히 담론의 헤게모니를 서구의 것으로 설정하고 있다. 외부로 고정된 시선은 자국의 문화와 사회에 대한 자체 분석과 점검을 소홀하게 만든다. 예컨대 이슬람주의자들은 근대화 기획의 보편성을 종종 제국주의 기획으로 몰아붙이며 신성한 이슬람의 근본주의적 보편성에 대응시키는 데만 급급한 나머지 중동 국가에 산재하는 다양성과 복합적인 사회 현실에는 눈을 돌리지 못한다는 한계를 갖는다. 이슬람의 세속주의 페미니스트들은 중동 국가의 페미니즘 진영이 차이 담론으로 인해 분열된 것을 비판하면서, 문화의 다양성을 인정하고 타자화된 서구에 의존하는 탈식민 국가의 한계를 모색할 때 필요한 개념은 '차이'가 아닌 '특수성'이라고 주장한다. 이러한 담론 변화만이 점차적으로 오리엔탈리즘을 해소시킬 수 있을 것이라 보기 때문이다.[6]

그렇다면 제3세계 여성의 한 층위에 있는 이슬람 여성을 어떤 맥락에서 이해해야 하는지, 과연 이슬람 페미니즘은 탈식민주의 페미니즘으로서 가능성이 있고 유효한지 파악해볼 필요가 있다. 탈식민주의 페미니즘의 입장에서 이슬람 전통주의자들의 페미니즘을 살펴보면, 이슬람 페미니즘은 제3세계의 체험이나 이슬람 여성의 정체성을 강조하는 차원에서 지나치게 '차이의 정치'를 주장한다. 지나치게 전통적인 틀을 주장한 나머지 분리주의적인 한계에 봉착한 것처럼 보이기도 한다. 제3세계 여성 이론가들은 제3세계 이론을 적극적으로 받아들이는 '차이의 정치' 입장에서 제3세계 여성의 경험을 중시하면서도, 국수주의나 분리주의에 빠지지 않고 국제적인 연대의식을 견지하는 인식 틀을 적극적으로 모색한다.

이슬람 페미니즘은 두 가지 원칙 틀에서 이루어진다. 첫째는 꾸란의 재해석 문제다. 지금까지 남성 법학자들만이 꾸란을 해석해왔기 때문에 그릇된 해석이 상당히 많아서 여성주의의 시각에서 꾸란을 재해석해야 한다는 것이다. 두 번째는 꾸란이 상당히 오래전에 만들어졌기 때문에 오늘날과는 맞지 않는 부분이 상당히 많고, 따라서 오늘날의 현대적 개념에 맞게 수정되어야 한다는 것이다. 이렇게 두 가지 틀 안에서 꾸란의 재해석과 현대적 적용을 논하는 이슬람 페미니즘은 전통주의적 사고 자체가 서구 여성과의 차이를 조성하고 독자적인 정체성을 구성한다고 전제한다. 베일을 이슬람 여성의 정체성이자 서구에 저항하는 담론으로 인정하는 것이 이슬람 페미니즘의 가장 구체적인 사례다. 그런데 여기서 '전통과 이슬람 여성의 정체성을 구성하는 요소들 중 무엇을 원형으로 볼 수 있는가'라는 문제가 발생한다. 또한 여성의 다중적이고 복수적인 차이를 구성하고 이해하려는 접근 방식은 매우 긍정적이나 지나치게 분리주의적인 노선을 취하게 될 가능성도 경계해야 한다.

제3세계 여성 담론이 지나치게 정치적인 색채를 띠거나 전지구적 자본주의 체제하의 노동 분업과 계급 문제를 무시할 때 제3세계 여성을 올바로 이해할 수 있는 틀을 마련하기는 매우 어려워진다. 따라서 전통과 현대, 서구와 비서구 갈등의 상징적 매개로서 이슬람 페미니즘의 주장은 지나치게 이분법적인 구도에 머무르며 정치적인 차원에서 여성을 또 한 번 이용한다는 한계를 벗어나기 어렵다. 여성 내부의 차이와 구조의 문제는 등한시한 채 여성 자체를 상징적 매개물로만 인식하기 때문이다. 따라서 전통과 이슬람 여성의 정체성 구성을 추진함으로써 서구 여성에 대항하고자 하는 이슬람 페미니즘은 제3세계 여성을 이해하는 탈식민주의 페미니즘의 틀로서 유용한 장점을 갖고 있음에도 불구하고, 여전히 자체적 모순의 한계를 극복하지 못하고 있는 것이다.

근대화 개혁 시기 서구 문명의 영향을 받은 사상가들이 제기한 이슬람의 여성 문제는 이슬람 여성의 정체성에 서서히 영향을 미쳤으며, 각국에서 다양한 담론이 등장하기 시작했다. 정치·경제·사회·문화적인 측면에서 제도적인 개혁이 실행된 결과 서구적 가치와 이슬람적 가치 사이에 조화와 갈등이 공존하게 되었으므로, 이슬람 문화권 각국의 상황을 비교해서 종합적인 결론을 수렴할 필요가 있다.

| 미주 ————————————————————————————————

1   Kenan Akyüz, *Modern Türk Edebiyatının Ana Çizgileri 1860-1923*(Istanbul : Inkilap Kitapevi, 1990), pp. 28~31.

2   '이슬람 근본주의'에서 '근본주의'라는 용어는 1920년 미국에서 과격한 기독교 복음주의자들이 벌인 극단적인 세속화 반대 운동의 이름이었다. 이런 맥락에서 이슬람 근본주의는 1940년대 서구식 정치 질서와 세속주의에 반대하는 일체의 이슬람 운동에 서방세계가 붙인 이름이다.

3   이것은 이슬람 국가 안에서 일었던 제3차 페미니즘의 노선을 반영한 것으로, 이슬람 국가의 페미니즘은 크게 세 가지 노선 변화를 겪었다. 식민주의에 대항하기 위해 민족주의 노선과 연합 전선을 이루었던 제1차 페미니즘 물결, 1950년대와 1960년대에 출현했던 근대화 이론과 마르크스주의로 요약되는 제2차 페미니즘 물결, 그리고 1970년대 이후 서구 페미니즘의 영향과 자생적 페미니즘 담론의 다양한 목소리를 포함한 제3차 물결이 그것이다. Deniz Kandiyoti, "Contemporary Feminist Scholarship and Middle East Studies", *Gendering the Middle East: Emerging Perspectives*(Syracuse : Syracuse University Press, 1996), pp. 8~15 참조.

4   이에 관한 대표적인 저술로는 Fatima Mernissi, *Women and Islam: An Historical and Theological Enquiry*(Oxford : Blackwell, 1991)가 있다.

5   Deniz Kandiyoti, op. cit., pp. 9~10.

6   Ibid., pp. 15~17.

다문화주의와 인정의 정치학

다문화주의는 어느 하나로 정의하기 곤란한 현상이다. 다문화주의는 20세기에 단일문화주의monoculturalism의 반동으로 생겨났다. 19세기까지는 유럽이 세계의 중심이었기에 유럽 문화가 표준적인 문화 혹은 '고급 문화'로 받아들여졌으며 그 외의 지역 문화는 모자란 문화 혹은 야만적 문화로 치부되었다. 이러한 배경에서 지적 이데올로기였던 유럽의 단일문화주의에 대한 반동으로 다문화주의가 등장한 것이다.

다문화주의는 문화의 다양성의 여러 층위를 포함한다. 동성애자나 독신자의 문화처럼 주류 문화의 언저리에 존재하는 하위문화적 다양성subcultural diversity, 특정 종교나 신념처럼 지배 문화가 거부하거나 실천적으로 받아들이지 않는 관점에서 비롯되는 다양성perspective diversity, 신생 이민자나 유대인 혹은 토착민 문화 집단처럼 공동체의 다원성에서 유래하고 유지되는 지역적 다양성communal diversity 등이 모두 다문화주의의 범주에 속한다. 다문화주의 내의 여러 다양성 중에서 논쟁이 되는 것은 한 국가 내부의 혹은 국가 간의 문화적 차이에 관한 집단적 다양성이다. 이러한 집단적 다양성에 관한 논의는 초점을 어디에 맞추느냐에 따라 정치학에서의 인정의 정치학the politics of recognition(찰스 테일러Charles Taylor), 문화 비평에서의 오리엔탈리즘(에드워드 사이드), 페미니즘에서의 하위주체론(가야트리 스피박) 등으로 전개된다.

지역적 다양성의 철학적 기반은 인정의 정치학이다. 그렇지만 왜 인정인가? 인정론자인 테일러와 호네트Axel Honneth는 다문화적 상황을 해결하는 철학적 처방인 하버마스의 의사소통 이론과 푸코의 이론의 한계를 인정이 보완해줄 수 있다고 본다. 하버마스는 사회적 현실 안에서의 갈등을 의사소통이라는 상호작용에 대한 규범 형식에 기대어 대화로 해결할 수 있으리라 낙관한다. 그러나 합리적 대화 모델은 대등하지 못한 자들 간의 갈등 관계를 간과한다는 문제가 있다. 한편 푸코는 사회적 현실 안에서의 갈등을 담론과 담론의 대립으로 파악하고, 지배 담론에 대한 저항의 가능성을 권력관계 내에서의 역담론의 창출에서 찾는다. 하지만 '하나의 담론이 왜 다른 담론보다 정당한가'라는 정당성의 문제를 설명할 근거가 없다는 문제가 있다. 인정은 집단 간의 차이에 관한 푸코식의 갈등 관점을 받아들이면서도 '투쟁 중의 대화'의 가능성을 열어둔다. 나의 존재 요구를 타자의 기만적 인정이 아닌 상호 인정에서 찾는다면 대등하지 못한 권력관계를 중단할 수 있고, 그 과정에서 인정의 정당성을 논의에 포함시킬 수 있기 때문이다.

테일러는 인정의 정치학을 좋은 삶을 위해 필요한 정체성의 인정으로 파악한다. 현대 정치학은 소수자 혹은 하위 집단, 페미니즘, 다문화주의를 인정하는 정치학을 표방하는데, 이때 인정은 언제나 정체성과 관련된다. 다시 말하면 그가 누구인지 이해하는 방식, 인간 존재로서의 근본적인 특징과 연관되는 것이다. 우리의 정체성은 타자의 인정recognition이나 불인정non-recognition, 아니면 타자의 오인mis-recognition에 의해 만들어진다. 그런데 불인정이나 오인은 사람을 왜곡하고 축소된 존재로 가둬 해를 끼치는 억압의 한 형태일 수 있다. 그러므로 정당한 인정은 예의가 아니라 인간이 살아가는 데 반드시 필요한 요소다.

테일러는 현대 페미니즘, 인종 관계, 다문화주의에 관한 논의에서 불인정을 억압의 한 형식으로 보고, 인정의 정치학이야말로 동등함에 도달하는 길이라고 주장한다. 그에 따르면 집단 간의 차이를 보지 못하는 보편적 존엄의 정치학the politics of universal dignity과 달리, 인정의 정치학은 지배적인 정체성에 동화되지 않고 개인이나 집단의 차이를 인정할 것을 요구하는 차이의 정치학the politics of difference이다. 테일러는 보편적 존엄의 정치학과 차이의 정치학 둘 다 모든 인간이 동일하게 존엄하다고 보지만, 보편적 존엄의 정치학이 주장하는 동등성은 개개인의 차이에 무관심한 형식적 동등성으로 진정한 동등성에 이르지 못한다고 비판한다. 인간에 대한 동질적 모델은 소수자 문화를 소외시키는 결과를 가져온다는 것이다. 따라서 테일러는 다문화주의에 대한 자유주의적 접근을 비판하면서 공동체주의를 제안한다. 테일러는 각 문화에 대한 동등한 인정과 지평융합Horizontverschmelzung의 노력을 강조한다. 그에 따르면 우리가 모든 문화를 동등하게 인정해야 하는 것은 하나의 전제다.

그렇다면 문화 간의 차이와 그 차이의 정당성을 인정할 근거는 무엇인가? 테일러는 그 근거가 나와 타인의 차이보다는 오히려 공통점을 인정하는 데 있다고 본다. 차이 그 자체는 동등한 가치의 근거가 될 수 없고, 상이한 존재 방식을 선택했다는 것 자체가 우리를 동등하게 만들지도 않는다. 서로 다른 두 문화가 동등하게 자리매김하려면 차이점보다는 가치의 공통 기준을 가져야 하는데, 테일러는 이 공통 기준을 각자의 정체성을 계발시키는 균등한 기회의 보장에서 찾는다. 정체성을 계발할 기회를 공평하게 보장하지 않는 문화는 대중의 동의를 얻을 수 없다. 그렇다면 어떤 문화를 인정하고 어떤 문화를 부인할 것인지에 대한 기준은, 그 문화가 자유주의적인 개인의 선택에만 의지하지 않고 그것을 보완해 정체성을 계발시킬 수 있는 기회를 균등하게 보장하는가의 여부가 된다.

인정의 정치학은 균등한 기회의 원칙에 어긋나지 않는 한 어떤 문화든 그 구성원이 자신이 속한 집단의 문화를 주장할 수 있다고 본다. 이러한 인정의 정치학은 현대의 문화상대주의와 기존의 문화 보편주의를 가로질러 문화적 차이를 가진 집단 간의 갈등과 대화를 포용한다. 따라서 인정의 정치학은 다문화주의 시대를 해명하고 미래를 전망하는 데 적합한 분석 틀을 제공한다. 그러나 인정이 '각자의 정체성을 계발할 수 있는 균등한 기회 보장'이라는 척도를 갖더라도, 실제로 무엇이 든 가능하다는 상대주의와 보편적 인권 사이에서 중도의 길을 걸을 수 있을지, 단순한 차이를 넘어 인간으로서 공통적으로 갖고 있는 존엄성이 자유주의가 말하는 추상적 인권과 얼마나 다를지, 그리고 힘의 관계가 불균등한 현실에서 인정이 기만 적이지 않은 방식으로 실현될 수 있을지에 대한 문제들은 풀 어야 할 숙제로 남는다.

공동체주의가 문화 집단의 권리를 주장한다면, 오킨Susan Moller Okin은 이러한 입장이 가부장적 소수집단을 방임할 가 능성을 우려한다. 따라서 가부장적 소수집단의 권리가 여성 을 억압할 가능성을 우려해, 가부장적 소수집단에 속한 구성 원 개개인의 선택을 중시해야 한다는 입장에 선다. 오킨은 소 수집단이 다수 문화에 통합되는 과정에서 동화주의가 갖는 억 압성의 문제를 지적한다. 그렇다면 소수자 문화가 젠더 평등 의 규범과 충돌할 때는 어떻게 해야 할까? 일례로, 1980년대 프랑스에서는 이민자 가정에 한해서 일부다처제를 묵인했다. 그리고 해당 가정의 여성들은 이에 심하게 반발했다. 페미니 즘과 다문화주의 모두 소수자의 삶을 보호하려 노력하지만 그 럼에도 불구하고 두 입장이 충돌한다면 어떻게 해야 할까? 사실 젠더 문제는 소수자를 문화적으로 보호하는 과정에서 자주 발생한다. 특정 집단의 문화를 소수자 문화로서 보호하다 보면 그 집단 속의 여성과 아이가 권리를 침해당하게 된다. 소수 집단에 속한 여성과 아이들에게는 다수 문화에서와는 다른 이중 기준이 적용되기 때문이다. 따라서 자유주의의 기초 위에서 집단의 권리를 옹호하려면 매우 사적이고 문화적으로 강화된 종류의 차별성까지도 고려해야 한다.

노마디즘과 유목민적 사유

소설 《빈보아 신화》를 중심으로

프랑스 철학자이자 탈근대 담론을 주도하는 이론가인 질 들뢰즈와 펠릭스 가타리Félix Gattari의 노마디즘nomadism(유목민적 사유)은 한국 문단과 문화계에서도 주목받았던 담론이다. 그들은 서구의 이분법적 사고와 동일성의 사유라는 틀을 깨고 '생성'과 '되기'를 소개하는데, 이것은 수평적으로 퍼져 나가 다른 식물과 다양하게 접촉하는 리좀rhizome식 자아 정체성을 구성하는 방식으로 '빠져나가기'와 탈영토화를 통해 가능하다.

물론 들뢰즈와 가타리의 노마디즘은 실제 유목민의 생활 방식을 의미하지 않는다. 노마디즘은 하나의 절대적 가치를 지향하는 기존의 삶의 틀에서 빠져나가는 것을 의미한다. 터키의 작가 야샤르 케말은 실존하는 투르크멘 유목 부족의 삶을 통해서 노마디즘을 매우 선명하게 보여준다. 작품 속에서 이들 부족은 유목민적 생활 방식을 지속하고자 국가와 정착민들을 상대로 투쟁을 벌인다. 이들의 투쟁은 국가의 기획에 의해 좌절되지만, 결과적으로 또 다른 방식의 유목민적 주체를 탄생시킨다.

야샤르 케말은 터키 리얼리즘 문학의 거장이며, 터키 근현대 문학을 주도하는 최고봉의 작가다. 그의 소설《빈보아 신화*Binboğalar Efsanesi*》[1]는 세계문학 중에서도 노마디즘을 가장 훌륭하게 구현해낸 작품이다.《빈보아 신화》는 1940~1950년대 터키 추쿠로바 지방에서 소멸된 유목민 부족에 관한 이야기다. 이 소설은 1971년 일간지《줌후리엣*Cumhuriyet*》에 연재된 이후 같은 해 단행본으로 출판되었으며, 1979년 프랑스에서 스무 명이 넘는 평론가로 구성된 심사위원단이 일제히 "그해의 우수 작품"으로 선정해 작품성을 인정받았다.

《빈보아 신화》는 유목 부족의 현실을 소재로 한 리얼리즘 소설이다. 야샤르 케말은 유목 부족의 처절한 투쟁에 직접 가담한 경험이 있는데, 그 투쟁에서 패배한 후 유목민들이 겪었던 고통과 한을 작품에 담고자 했다. 실제로 그는 유목민 원로가 과거 그들의 삶의 방식을 잊지 못하고 안타까워하는 것을 곁에서 지켜보면서 사라져버린 그들의 삶과 문화를 복원하고자 이 작품을 쓰게 되었다고 말했다. 작가는 오르한 에린츠 Orhan Erinç와의 인터뷰에서 이 작품의 제목이 '빈보아 신화'인 이유를 밝혔다. '보아boğa'라는 단어는 투르크멘 사람들에게 '풍요'라는 뜻으로 쓰인다. 추쿠로바 지방의 토로스 산맥은 풍요의 상징으로서 투르크멘 사람들에게 '빈보아Binboğa'라고 불린다. 작가는 이 작품에 '빈보아 산'이라는 공간을 삶의 터전으로 삼은 유목민들이 터전을 지키기 위해 벌이는 투쟁 그리고 소멸되어가는 이들의 삶과 고통을 담았기 때문에 후대에 이 작품은 '신화'가 될 수밖에 없다고 토로한다. 이 작품은 실화인 동시에 신화다. 유목민들의 삶의 터전인 토로스 산맥을 그들의 언어로 표현하고 유목민의 삶을 복원하기 위해 작품의 제목을 '빈보아 신화'라고 붙일 수밖에 없었다는 것이다.

이 소설은 세 가지 차원에서 이야기가 전개된다. 그중 하나는 오스만 제국 시기 추쿠로바 반란에 관한 이야기로, 과거 회상으로 처리된다. 두 번째는 유목 부족의 생활에 관한 이야기다. 이슬람 이전의 자연숭배사상을 중심으로 한 관습과 풍속 그리고 신화와 전설 등이 펼쳐진다. 세 번째는 공화국 수립 이후의 도시화에 관한 이야기다. 이 소설은 총 29장으로 구성되어 있으며, 각 장이 시작되기 전에 요약문이 제시되어 미리 그 장의 내용을 알려준다. 이는 테케르레메tekerleme라는 터키 구전문학의 형식을 차용한 것인데, 이처럼 야샤르 케말의 거의 모든 작품은 터키 구전문학과 민속적 요소에 토대를 두고 있다.

들뢰즈와 가타리는 사물들이 일정한 방식으로 접속해 '배치'되고 일정한 언어적·의미론적 코드에 입각해 기능할 때 '영토성'이 성립한다고 주장한다. 쉽게 말해 영토성 또는 영토화territorialization란 문명화된 인간이 모든 사물을 공식화·체계화시켜 질서 있게 정리하려는 시도다. 그러나 들뢰즈와 가타리의 관점에서 우주의 가장 일차적인 속성은 그러한 질서 체계를 거부하는 생성 또는 욕망이다. 그 어떤 영토성이나 코드도 모든 것을 완전히 차단할 수는 없다. 철통같이 지키려고 하는 그 영토의 경계 어디에선가 '누수'가 생기기 때문이다. 다시 말해, 그 경계를 빠져나갈 수 있는 '탈주로'가 있기 때문이다. 영토의 경계 너머로 물이 새어 나가게 되어 있다는 의미이다. 이와 같은 빠져나가기를 일정한 기계적·언표적 배치로 차단하고 규제하는 것이 '영토화'와 '코드화codification'다. 그러나 아무리 빠져나가기를 차단하려 해도 누수와 빠져나가기는 언제나 계속된다. 영토화는 늘 '탈脫영토화'를 힘겹게 누르고 있을 뿐이다. 그러나 한 영토를 벗어난 흐름은 울타리 너머로 낮게 퍼져 나가는 리좀 줄기처럼 다시 다른 영토에 접속해 '재영토화reterritorialization'된다. 이러한 순환은 끊임없이 되풀이된다. 새롭게 태어나려는 생성의 에너지와 그것을 막아 고착시키려는 에너지는 끊임없이 투쟁을 반복한다.

생성하려는 욕망은 개인적인 것도 아니고 결핍에서 나오는 것도 아니다. 욕망은 사물들과의 새로운 조합, 다른 존재와의 공동의 기능, 서로 다른 그룹과의 공생 속에서 늘 생산되며, 다른 무엇을 향해가는 이행 과정 속에서 생성된다. 욕망이라는 기계는 인간의 삶을 메커닉mechanic하게 환원시키지 않고 새로운 배치arrangement를 통해 늘 새롭게 만들어낸다. 그렇게 만들어진 삶이야말로 개인적으로나 집단적으로나 진정한 삶이다. 시간 속에서 일어나는 사건으로서 배치는 '이미 형성되어 고착되어 있는 것arranged'이 아니라 '늘 변해가는 것arranging'이다. 배치는 개별화된 사물도, 언어적 구성물도 아니다. 배치는 유기적으로 배열된 전체가 아니다. 배치는 기계들의 영토성과 언표들의 코드가 서로 접속하기도 하고 일탈하기도 하고 갈라지기도 하면서 층화의 방향과 탈층화의 방향을 오가는 장場을 형성할 때 성립한다. 배치는 기존의 존재론으로는 포착하기 힘들다.

들뢰즈와 가타리의 '기계machine' 개념은 생산적인 접속을 가능하게 한다. 기계는 역동적인 힘을 갖고 있다. 기계는 '메커닉'과 구분되는데, 메커닉은 일상어에서의 기계를 말하며 자율적인 생명력 없이 타성적으로 움직인다. 기계적 배치는 일종의 유기체나 기표적 총체 또는 한 주체에 귀속되는 하나의 규정성으로 기우는 특성이 있으면서도, 그 유기체나 총체를 끊임없이 해체시켜 순환하거나 탈기관체Corps sans Organes로 만드는 특성 또한 있다. 탈기관체는 고정화된 기관器官이 없는 무정형적인 몸통을 일컫는다. 쉽게 말해, 탈기관체는 몸 안의 내장을 다 빼낸 몸통을 말한다. 따라서 그 몸통은 안에 무엇을 채워 넣느냐에 따라 다양한 형태가 된다. 보기 좋은 내용을 채우면 멋진 몸통, 불량한 내용을 채우면 흉한 몸통이 되는 것이다. 들뢰즈는 몸통 안에 무엇이 들어 있느냐에 따라 탈기관체의 형태를 세 가지로 나누었다. 1) 충만한 탈기관체, 2) 마약 복용과 같은 자기 파괴적이고 공허한 탈기관체, 3) 파시즘과 같은 암적인 탈기관체가 그것이다. 탈영토화했다고 해서 모든 리좀과 유목민이 긍정적으로 평가되는 것은 아니다.

들뢰즈와 가타리는 언어와 역사의 지배적이고 중심적인 주체를 부인하고 다양한 것들의 상호 소통과 생성을 주장하는데, 이때 역사적·사회적 소수자를 복권시키는 탈중심화의 기본 개념이 '여성-되기'다. 여성은 다수인 남성 지배자에게서 배제되어왔기 때문에 여성-되기는 다수의 지배자 중심 체제에서 빠져나가는 것을 기본으로 한다. 그러므로 여성도 여성-되기를 해야 하고, 남성도 여성-되기를 해야 한다. 여성-되기는 모든 되기의 시발점이자 경유지이며 다수성이 아닌 소수성의 윤리에 토대를 둔다. 여성-되기, 탈중심화, 탈영토화, 탈기관체, 탈주로, 누수, 빠져나가기(탈주), 리좀은 모두 동일한 개념으로, 도스토옙스키Mikhailovich Dostoevskii의 말처럼 인간이 진정한 자유를 누리기 위해서는 인간의 정신을 속박하는 모든 장치에서 빠져나와야 한다는 의미를 갖는다. 설사 그 장치가 국가기관에 의해 제도화되었더라도 말이다.

야샤르 케말의 노마디즘

소설 《빈보아 신화》의 중심에는 유목민과 제도 권력 사이의 갈등이 있다. 작가는 정착하지 않고 자신의 방식을 고수하려는 유목민의 끈질긴 투쟁을 통해 노마디즘의 사유 담론을 펼친다. 이 작품은 그동안 억압되고 배제되었던 여성, 원주민, 소수민족 등에게 타자의 위치를 복원시켜주는 탈근대적 사유를 골자로 한다. 작가는 유목민의 실체와 목소리를 작품 속에 언어화함으로써 이미 사라지고 소멸된 유목민의 위치를 타자적 위치로 복원시킨다.

실제로 1876년 추쿠로바에서는 투르크멘 유목민과 오스만 왕조 사이에 커다란 전투가 벌어졌다. 오스만 왕조는 투르크멘 유목민에게 강제 정착령을 내렸으며, 세금을 거두고 병역 의무를 부과했다. 투르크멘 유목민은 거세게 반발했지만 싸움은 뜻대로 되지 않았고 결국 패배하고 말았다. 그들은 이리저리 떠도는 유목 생활을 결코 포기하지 않고 그들 나름대로의 삶을 지속했지만, 유목 생활은 날이 갈수록 난관에 부딪힐 수밖에 없었다. 더 이상은 빠져나갈 길이 없었던 것이다.

소설은 투르크멘 카라출루족의 역사를 바탕으로 쓰였다. 소설 속에서 아흐메트 장군은 군사를 동원해 수백 년 동안 유목 생활을 하던 카라출루족을 강제로 정착시킨다. 유목민들은 저항했고, 큰 전투가 벌어져 사망자까지 발생한다. 하지만 다행

히도 카라출루 유목민은 우스타의 아버지가 만든 검 덕분에 구제된다. 관할 지역의 책임자인 알리 소령이 검을 받고 유목 생활을 계속할 수 있게 눈감아준 것이다. 그러나 오랜 세월이 흐른 후 세상이 변하고, 정부는 더 이상 유목 생활을 허용해주지 않는다.

소설 속에서 갈등의 다른 한 축은 추쿠로바 유목민 출신의 정착 부족과 카라출루 유목민 사이의 갈등이다. 오래전부터 추쿠로바 땅에서 자리를 잡고 정착 생활을 해오던 유목민 출신의 농민들은 자신들이 먼저 정착했다는 이유로 주인 행세를 하며 텃세를 부린다. 그것도 모자라 카라출루족을 괄시하기까지 한다. 그들은 겨울을 날 수 있도록 땅을 내달라는 카라출루족의 요청을 거절한다. 오히려 그들을 내쫓기 위해 온갖 폭력적인 방법을 동원한다. 심지어 농사에 피해가 된다는 이유로 거주지에 발도 들이지 못하게 한다. 잠시라도 짐을 풀려고 하면 어느새 달려와 돈을 뜯어내고, 결혼할 여자를 요구하기도 한다. 유목민은 땅을 구하기 위해 이들에게 돈과 고기, 양 등을 내줄 수밖에 없다.

그해 봄 카라출루족은 알라 산에서 큰 고통을 겪는다. 숲 관리인이 조금도 아량을 베풀지 않았기 때문이다. 숲에서 방목

하는 숫양이 보이거나 나뭇가지라도 부러지는 날이면 헌병대가 사생결단을 낼 듯이 덤벼든다. 그해 여름 유목민들은 숲 관리인에게 뇌물을 아주 많이 갖다 바친다. 하지만 상황은 잔인하게만 돌아간다. 카라출루 부족장인 카흐야는 우리를 죽이든지, 아니면 우리가 정착할 만한 땅을 달라는 내용의 전보를 앙카라에 보낸다.

1876년 여름 사령관 제브데트 장군이 알리 소령에게 산을 깎아 길을 만들라는 명령을 내린다. 알리 소령은 병사들을 동원해 추쿠로바로 이어지는 거대한 도로를 만든다. 그들은 추쿠로바족에게 산속으로 들어가는 것도 외부로 빠져나가는 것도 허락하지 않는다. 거대한 평원이 별안간 카라출루족에게 공포의 감옥이 되어버린다.

토지를 영토화시키는 삶의 방식을 강요하는 국가는 유목민들을 토지처럼 영토화시키려 한다. 작품 속에서 정부 관리와 유목민 출신의 지주는 영토화 · 코드화된 인물이다. 반면 카라출루 유목민들은 탈소유와 생성의 삶의 방식을 지속하기 위해 끊임없이 빠져나가기와 탈영토화를 시도한다. 유목민들의 빠져나가기는 그들의 욕망과 생성을 가로막는 정부의 영토화 노력에 의해 파괴된다. 이 소설의 플롯은 빠져나가기 또는 탈영토화라는 부단한 생성과 그것을 차단하려는 영토화의 갈등으로 구조화된다.

카라출루족은 겨울을 보낼 땅을 얻으려고 노력하지만, 이는 영토화를 위해서가 아니다. 이들의 정착과 영토화는 탈영토화를 위한 것이다. 그러므로 등기와 등록을 요구하는 국가의 영토화 작업과 유목민의 끊임없는 빠져나가기 사이에서 갈등은 심화된다.

카라출루족은 겨울을 보낼 땅을 얻지 못하자 생존의 위협을 느낄 정도로 궁지에 몰리게 된다. 카라출루족은 이 고통을 해결하기 위해 흐드렐레즈 밤에 흐즈르 별님에게 겨울을 보낼 땅을 얻게 해달라고 빌기로 한다. 그러나 생존이 달려 있는 만큼 중요한 문제임에도 불구하고 카라출루족 사람들은 흐드렐레즈 밤이 되자 각자 자신들이 품고 있던 개인적인 소망을 빈다. 카라출루족은 리좀적 자아로 존재하기 때문이다.

자아의 이러한 양상들은 다른 요소들과 만나 배치되어 기계적 성격을 갖게 되며, 욕망, 의미, 기호, 사건을 생산한다. 살아가는 방식은 곧 사건이며, 그들의 욕망 또한 사건이자 배치다. 언제든지 새롭고 다양한 접속을 통해 다양한 배치를 만들어낼 수 있기 때문이다. 카라출루족의 주인공들은 각각 탈기관체가 되어 새로운 만남과 접속을 시도한다. 이것이 바로 리좀식 자아가 보여주는 삶의 방식이다.[2] 유목민 개개인의 사유는 리좀적인 수평적 사유다. 그들은 관계를 수직적 관계망 속에서 생각하지 않고, 횡적이고 수평적인 탈영토화의 선을 만들어 나간다.

별똥별을 보는 순간 소원을 빌면 이루어진다는 흐드렐레즈 밤에 이들은 각각 다른 소원을 빌고, 그 소원을 실현하기 위해 다른 여정을 택한다. 케렘은 송골매를 욕망하며, 카흐야와 우스타는 겨울을 보낼 땅을 욕망한다. 무스탄은 카라출루족에서 가장 아름다운 여인인 제렌을 욕망하며, 제렌은 할릴을 욕망한다. 이 욕망들은 모두 사적인 것으로 환원되지 않기 때문에 정치적이며 사회적이다.[3]

모두가 흐드렐레즈 밤에 소원을 빌지만, 별똥별을 목격하는 사람은 케렘뿐이다. 케렘은 부족의 생존이 달려 있는 날 고작 송골매를 달라고 빈다. 결국 케렘의 소원은 이루어진다. 그리고 추쿠로바 지역 사람들과 카라출루 유목민 간의 분쟁을 해결하기 위해 찾아온 경사가 케렘의 손에 있는 송골매에 눈독을 들이다가 아들에게 선물로 줄 거라며 송골매를 요구한다. 케렘은 끝까지 거부하며 도망가지만 유목민 원로들은 부족의 문제를 해결하기 위해 케렘에게서 송골매를 강제로 빼앗아 경사에게 바친다. 케렘은 송골매를 되찾기 위해 부족에서 빠져나와 얀르즈아아치 마을에 간다. 동네 아이들과 친구가 된 케렘은 계략을 짜내서 경사의 아들 셀라하틴에게서 송골매를 되찾아온다. 케렘은 국가권력과 유목민 사이의 대치 구도 때문에 간절한 소원을 들어준 흐즈르님에게 감사의 기도를 올릴 겨를도 없이 경사에게 송골매를 빼앗겼지만 끈질긴 투쟁 끝에 송골매를 다시 손에 넣게 된 것이다.

카라출루족 사람들은 제렌이 지주인 하산의 아들 옥타이와 결혼하면 추쿠로바에서 겨울을 날 수 있을 거라고 믿는다. 그러나 제렌은 할릴만을 기다리며 옥타이와의 결혼을 단호하게 거부한다. 그녀는 국가권력의 영토화 기획과 부족민의 압력에도 불구하고 리좀으로서 존재하기를 선택한 것이다. 결국 제렌은 부족 사람들의 저주를 받아 외톨이가 된다.

무사는 제렌을 짝사랑한다. 그래서 지주 오스만의 아들 파흐리를 죽이고 산으로 도주한 무스탄과 함께 할릴을 살해하려는 음모를 꾸민다. 부상을 당한 무스탄은 무사에게 할릴을 죽일 테니 자신을 치료해달라고 요구한다. 할릴은 무스탄과 산속에서 마주친다. 자신이 부상당했을 때 못되게 굴었다는 이유로 목동 레술을 고문하던 무스탄은 돌연 마음을 달리 먹고 레술을 자기편으로 만든다. 무스탄은 할릴을 죽이려고 하지만 실패한다. 무스탄은 다시 레술을 시켜 할릴을 죽이게 한다. 그러나 레술은 할릴이 아니라 무스탄을 살해한다.

소설 속에서 할릴과 제렌의 사랑을 질투하는 무사와 무스탄의 배치는 국가권력과의 대립이라는 다른 등장인물들의 배치와는 다르다. 그들은 사랑과 여성의 교환을 매개로 대립하는 다양체multiplicity다. 그러나 한편으로 무스탄의 살인 사건 또한 국가권력과 부유한 지주인 오스만 때문에 벌어진 일이므로 같은 배치 안에 있다고 볼 수도 있다.

카라출루족의 원로인 대장장이 우스타는 아버지처럼 신검 神劍을 만들어 권력자에게 바치면 모든 문제가 해결될 것이라 믿는다. 우스타는 삼십 년 동안 한결같은 정성으로 오로지 검 하나만 만든다. 검이 완성되자 우스타는 휘르시트 씨를 찾아가지만, 기대했던 반응을 얻지 못한다. 그는 다시 지주 하십을 찾아간다. 그의 반응도 신통치 않자 앙카라로 간 우스타는 우여곡절 끝에 이스메트 장군을 만나서 삼십 년 세월을 쏟아부은 검을 바친다. 하지만 장군은 한쪽 눈으로 흘낏 보더니 '좋군'이라는 한마디를 던지고 자리를 떠나버린다.

그사이 카라출루족 사람들은 델리보아 평원에 당도한다. 카라출루족이 평원에 도착하자마자 지주 하산은 땅을 빌려주는 대가로 돈을 요구한다. 유목민들은 이것이 뻔한 수법임을 알면서도 어쩔 수 없이 돈을 내준다. 뒤를 이어 여러 사람이 돈을 뜯어간다. 유목민들은 법무사 케말을 찾아가 사정을 이야기하고 탄원서를 쓴다. 카라출루족은 자신들을 델리보아에서 쫓아내고 돈을 뜯어내려는 사람들과 싸움을 벌이지만 모든 것이 헛수고다.

유목민은 평원에 딱 붙어서 꼼짝도 하지 않는다. 그 어떤 재앙이 들이닥친다 해도 절대로 물러서지 않으려 한다. 유목민은 텔오울루와 하즈 알리 차부쉬에게도 탄원서를 써달라고 한다. 군수에게 여덟 번이나 신선한 버터를 갖다 바친다. 변호사 무르타자 씨에게 찾아가 돈을 바친다. 정당 당수들도 찾아간다. 그러나 어느 누구도 해결책을 찾아주지 못한다.

카라출루족은 다시 사르참 지방에 당도해 짐을 푼다. 60여 개였던 천막은 이제 40개 정도밖에 남지 않는다. 일부는 죽고, 일부는 가족을 이끌고 부족을 떠나 야반도주를 꾀한다. 부족은 이제 해체될 위기에 있다. 사르참 지방에서도 문제는 끊이지 않는다. 마을 사람들이 밤에 습격을 해와 엄청난 전투가 벌어진다. 헌병대가 투입되고, 부족은 사르참 지방에서도 떠나게 된다.

할 수 없이 이번에는 헤르미테 산에 짐을 푼다. 할릴을 대신해 수장 역할을 맡고 있는 카흐야는 여인들을 불러 모아 여인들이 몸에 지니고 있던 금 조각을 걷는다. 그는 오래전에는 카라출루족이 겨울을 나는 터로 사용했지만 지금은 다른 사람의 소유가 된 아크마샤트 땅을 얻기 위해 데르비쉬 씨를 만나러 간다. 하지만 데르비쉬 씨는 아들들의 반대를 핑계로 카흐야의 부탁을 거절한다.

카라출루족은 국가권력의 포획과 기획, 영토화 작업에서 빠져나가기를 시도하며, 탈영토화된다. 부족 구성원 각각의 동일한 배치 속에서 수직적인 수목樹木적 틀이 아닌 수평적인 리좀적 방식으로 새로운 배치와 다양체를 만들어낸다. 생성과 탈소유의 삶의 방식을 지속하고자 노력하는 유목민적 주체인 우스타와 카흐야는 땅을 얻기 위한 본격적인 작업에 착수한다. 두 사람은 같은 배치 안에 있는 인물로, 동일한 목적으로 리좀이 된다. 이들과 대결 구도에 있는 사람은 국가를 상징하는 이스메트 장군, 헌병대, 얀르즈아아치 파출소 경사 등이다. 영토화·코드화된 인물들로는 휘르시트 씨, 지주 하십, 하산,

186

데르비쉬 씨 등이 있다.

이 소설에서 유목민 구성원인 우스타, 케렘, 카흐야, 제렌, 할릴은 모두 끊임없는 흐름과 탈주선脫走線 안에 있다. 이들은 각기 다른 욕망으로 탈주선을 탄다. 우스타와 카흐야는 겨울을 보낼 땅을, 제렌과 할릴은 사랑을, 케렘은 송골매를 찾아 접속한다. 이들은 재영토화에 성공한 것처럼 보일 때 다시 다양한 배치 안으로 들어가 탈기관체가 된다.

부족의 미래를 위해 길을 떠났던 우스타는 아무 수확 없이 부족으로 돌아온다. 모든 희망을 상실한 우스타는 그토록 오랜 세월 정성 들여 만든 신검을 밤새도록 녹여 무언가를 만든다. 신검은 무엇을 상징하는지 알 수 없는 보잘것없는 쇳덩이가 된다. 우스타에게 부족의 명예와 미래를 상징하던 신검은 상징계의 최고 가치이자 권위의 상징물이자 기표였다. 하지만 시대가 변화하면서 그 기표가 더 이상 유효하지 않다는 것을 알게 된 우스타는 검을 결국 쇳덩이로 녹여버린다. 그의 삼십년 시간과 정성도 함께 녹아버린다. 이 쇳덩이는 도저히 기표화될 수 없는 잉여이자 오브제 아objet à다. 우스타는 이 잉여물 하나만을 남겨둔 채 세상을 떠난다. 이로써 우스타는 국가와 정착민의 포획 장치에서 완전히 해방된다. 우스타의 죽음은 절대적 탈영토화를 의미한다. 부족 사람들은 그를 도인으로 예우해 헤르메테 산에 묻는다.

때마침 송골매를 되찾아 부족에 합류한 케렘은 할아버지의 죽음을 지켜본다. 케렘은 갖은 고생과 모험 끝에 송골매를 다시 찾았지만 그 송골매 역시 상징계의 잉여임을 깨닫는다. 그는 어렵사리 되찾은 송골매를 풀어주고 부족을 떠난다. 케렘은 송골매를 버림으로써 몸속의 모든 내장을 다 빼내고 몸통만 남은 탈기관체가 되며, 더 이상 유목민의 삶의 방식을 유지할 수 없다는 것을 간파하고 부족을 버린다. 케렘은 부족을 버림으로써 리좀식 접속과 배치의 가능성을 열어둔 새로운 유목민적 주체로 탄생한다.

한편, 정착민들의 횡포 때문에 많은 부족 사람들이 죽게 되자 결국 사람들은 제렌을 옥타이에게 시집보내기로 결심한다. 그 대가로 옥타이의 아버지에게 겨울을 날 수 있는 땅을 받을 수 있을 거라 생각하기 때문이다. 제렌도 부족민을 구하기 위해 이 결혼을 수락할 수밖에 없다. 그러나 옥타이의 아버지는 땅을 주지 않는다. 이때 마침 할릴이 나타난다. 자신들의 계획이 수포로 돌아갈 것이라 생각한 마을 사람들은 할릴을 죽이려 한다. 제렌과 할릴은 이런 분위기를 감지하고 함께 도망친다. 제렌과 할릴은 정착민이 되기를 거부하고, 토지를 미끼로 여자와 돈을 뜯어내려는 영토화의 배치를 거부한다. 제렌과 할릴은 이렇게 탈영토화되고 탈기관체가 된다.

이런저런 사연과 함께 다시 한 해가 지나 흐드렐레즈 밤이 돌아오자 부족들은 축제를 연다. 그날 밤 할릴과 제렌은 그 자리에 함께 나타난다. 모두 함께 축제를 마친 후 각자 별똥별을 보며 기도하기 위해 샘터를 찾는다. 할릴과 제렌은 타쉬부이두라는 샘터에서 소원을 빈다. 그때 부족의 남자들이 할릴을 습격해 결국 할릴은 죽게 된다. 카흐야는 할릴의 텐트를 철거하고 카라출루족의 잔재를 역사에 묻는다. 카흐야는 부족 수장의 텐트라는 상징적인 기표를 해체하고 카라출루족을 무無화하는 방식으로 탈기관체가 된다.

할릴은 자신이 살해당할지도 모른다는 것을 알면서 부족에게 돌아왔다. 수장의 역할을 다하기 위해서였다. 이때 그의 죽음은 파시즘적 유기체인 국가에 포획되지 않으려는 절대적 탈영토화다. 카라출루족은 해체되어 유목민적 삶의 방식을 포기하는 동시에 새로운 형태로 유목민적 주체가 된다. 다시 말해 카라출루족은 잉여로서 사회에 존재하며, 소수자로서 다른 형식의 유목민적 삶을 지향한다. 생활 방식으로서가 아닌 자신의 욕망과 생성에 의거하는 삶을 사는 것이다. 유목민적 주체로서 하나의 단일화된 구조와 절대적 가치를 지향하는 삶의 방식에서 벗어나 탈기관체의 극한으로 존재하는 것이다.

국가 제도와 정착민들의 끊임없는 괴롭힘 속에서도 카라출루족은 계속 탈주를 감행했다. 국가라는 상수항을 뺀 n-1의 구도에서 살아남고자 하는 이들의 몸부림은 결국 좌절될 수밖에 없다. 결국 우스타는 부족의 명예와 미래를 걸고 만들었던 신검을 녹여 알 수 없는 납덩이만 남긴 채 목숨을 잃었으며, 할릴의 죽음은 부족의 해체와 종말을 불러왔다. 그러나 이러한 유기체의 죽음은 완전한 해방을 의미하며, 국가와 정착민들의 포획 장치로부터의 절대적 탈영토화를 의미한다. 유목민들의 해체는 새로운 생성이며, 새로운 배치와 다양체를 생산하기에 하나의 탈영토화 방식이라 할 수 있다. 절대적 탈영토화의 결과, 유목민은 극한을 의미하는 탈기관체가 된다.[4]

이 소설에서 각 주인공은 다양한 '되기'를 작동시켜, 단일화가 아닌 이질적인 요소의 종합과 탈영토적 움직임의 끝없는 자아를 형성한다. 카라출루족은 상징계적 주체를 버린다. 자신을 버리고 무화하는 방식으로 여성-되기를 실현하며, 유목민이라는 타자의 삶의 방식을 고수함으로써 타자성을 실현하고자 한다. 이들은 소유와 영토화를 거부하고 언제나 탈소유와 탈영토화를 욕망한다. 욕망은 오이디푸스에 의한 수직적 위계질서 속에 갇히지 않고 항상 이동한다. 카라출루족에는 중간에 합류한 사람도 있고, 욕망의 누수와 함께 사라진 사람도 있다. 이들은 언제나 이동 중이며, 항상 접속과 이접이 가능하다. 그 어떤 영토성이나 코드도 생성을 닫아놓을 수는 없다. 누수는 언제나 가능하다. 탈주선은 언제 어디서든 흐르고 있다.

유목민들은 자본주의 제도에 등록되는 것을 거부한다. 유목민적 주체의 능력을 임금노동으로 환산하려는 자본주의와 이들을 관리하고 통제하려는 국가의 틀에서 볼 때 이들은 타자이며 소수자다. 그러므로 이들의 탈주는 여성-되기를 통해 가능하다.[5] 국가에 등록되지 못하고 임금노동을 제공하지 못하는 이들은 분명 거세된 자들이다. 그러나 영토화와 코드화를 거부하는 이들의 여성-되기 과정은 계속적인 생성의 가능성을 의미한다. 이들의 탈주는 수목형 사유의 틀 밖에 있기에 분명 탈기관체이며, 여성-되기다.

야샤르 케말은 유목민의 탈주와 탈영토화의 양상이 국가적 포획의 장치와 기획에 의해 어떻게 짓밟히는지를 작품에 담았다. 국가주의와 소유 중심의 삶의 방식에서 탈주하고자 하는 유목민의 빠져나가기는 토지와 영토를 소유하고 축적하는 삶의 방식에 맞서는 투쟁이다. 작가는 유목민이 영토화·코드화되는 것을 끝까지 거부하고 투쟁하는 과정을 그림으로써 자신의 유목민적 사유를 보여주었다. 동시에 근대에서 억압되고 배제되었던 유목민이라는 타자를 복원하고 작품 속에 재현함으로써 그들의 위치를 다시 자리매김하고자 노력했다. 이는 탈근대적 시대의 흐름 속에서 등장한 생성의 정치학을 보여준다.

국가는 국민을 등록하고 제도화·고착화시키기 위해 영토화를 시도한다. 그러나 인간의 욕망은 끊임없이 생성되고, 말뚝을 박아 영토화된 경계에서 끊임없이 빠져나가기를 시도한다. 국가라는 고정된 틀과 수직적 수목의 사유 틀 안에서 욕망은 끝없이 누수하며 흘러넘친다. 국가와 정착민의 폭력은 파시즘의 형태로 유목민의 목을 조른다. 그러나 유목민은 욕망하는 기계로서 끊임없이 새로운 접속과 새로운 배치를 만든다. 이들은 국가를 중심으로 하는 위계질서에 갇히지 않고, 수평적 구도로 퍼져 나가는 뿌리들의 리좀식 접속과 배치를 만들어가는 유목민적 주체가 된다.

탈영토화와 탈기관체를 온전히 실현하고자 하는 유목민의

끈질긴 투쟁은 국가와 정착민의 파시즘적 폭력 속에 소멸되어 갔다. 결국 유목민의 생활 방식은 좌절되었다. 그러나 유목민의 생활 방식은 누수되고 빠져나가 국가 내에서 다른 방식으로 계속된다. 유목민은 새롭게 유목하는 탈주와 탈기관체의 방식으로 국가 장치 내에 여전히 존재하기 때문에 절대적 피해자가 아니다. 작가는 이 작품을 통해 하나의 절대적 가치에 얽매이지 않고 새롭게 유목하는 방식이 무엇인지 알려준다.

이로써 야샤르 케말의 소설 《빈보아 신화》를 통해 노마디즘이 무엇인지 알아보았다. 한마디로 노마디즘은 하나의 중심과 절대적 가치를 지향하지 않는 것이다. 생명의 요구에 따라 끊임없는 생성의 방식으로 사는 것이며, 유목민적 주체가 되는 것이다. 이것은 '~되기'라는 행위를 통해서 가능하다. 이 소설은 생명의 자발적인 표현과 생성이 국가 장치 속에서도 계속될 것이며 탈주와 탈영토화는 끊임없는 생성이라는 것을 보여준다. 절대적 탈영토화와 국가 장치를 넘어서는 창조적인 활동은 언제까지나 꿈틀거릴 것이다.

1 우리나라에서는 《바람부족의 연대기》(실천문학사, 2010)라는 제목으로 출간 되었다.

2 들뢰즈와 가타리는 다양체를 만들어야 한다면 유일을 빼고 n-1을 써 야 한다고 했다. 그러한 체계를 리좀이라고 할 수 있을 것이다. Gilles Deleuze · Felix Guattari, *A Thousand Plateaus*. Trans. Brian Massumi (Minneapolis: University of Minnesota Press, 2003), pp. 6~8.

3 들뢰즈와 가타리는 욕망 자체가 사회적이고 정치적이라고 본다. 이는 욕 망의 일원론에 입각한 것이다. 욕망은 순수 생성이고, 그래서 사적이라고 규정할 수 없다. Gilles Deleuze · Felix Guattari, *Anti-Oedipus: Capitalism and Schizophrenia*(Minneapolis: Univ. of Minnesota Press, 1994). pp. 36~42.

4 Gilles Deleuze · Felix Guattari, *A Thousand Plateaus*. pp. 3~25.

5 Ibid., pp. 291~294.

서구의 **대테러 전쟁**에 대한 **포스트모던적 해법**

슬라보예 지젝은 테러가 실재에 대한 열정 때문에 발생한다고 보았다.[1] 실재계는 현실의 기만적인 껍질을 벗겨낸 대가로 지불해야 하는 극단적인 폭력 속에 있다. 주체는 환상을 벗으면 무너질 수도 있다. 라캉의 실재계는 칸트의 '물자체'와 비슷한 개념으로 사회적 현실과 대립된다. 사람들은 실재계와 마주치고 싶어 하지 않기 때문에 사회적 현실로 실재계를 덮어두려 한다.[2]

미국에서 발생한 9·11 테러는 자유민주주의의 문제점을 드러낸 역사적 사건이었다. 이 사건은 서구 사회에 큰 충격과 트라우마를 남겼다. 지젝은 1990년에 있었던 공산주의의 붕괴가

정치적 유토피아의 붕괴였다고 말한다. 그리고 1990년 정치적 유토피아의 붕괴 이후 10년간 세계를 지배했던 것은 최후의 거대한 유토피아인 자본주의의 자유민주주의였다고 강조하며, 9·11 테러는 바로 이 유토피아의 종말이라고 지적한다.[3]

그렇다면 서방세계는 자신들의 유토피아에 종말을 가져온 9·11 테러에 어떻게 반응했을까? 첫째, 그들은 외상적 사건을 망각하려 했다. 자신들은 여전히 행복해질 수 있으며 아직 온전하다는 것을 보여주려고 집요하게 노력했다.

둘째, 정치·사회적 질서에 테러의 원인이 있다고 분석하며 테러리스트들을 추상화했다. 미국이 중동을 억압했기 때문에 9·11 테러가 발생했다고 말하면서도 테러의 근본적인 발생 원인은 정치·사회적 배경에 있다고 결론지으며 테러를 추상화했다. 그런데 여기서 우리는 도덕적 추론의 한계에 부딪히게 된다. 도덕적 관점에서 봤을 때 9·11 테러의 희생자들은 무고하며, 테러 행위는 증오할 만한 범죄다. 그러나 오늘날의 자본주의 사회에서 절대적으로 무고한 것은 없다. 허위적 추상화에 불과할 뿐이다. 이데올로기적 해석상의 충돌도 마찬가지다. 한쪽에서는 9·11 테러가 자유민주주의적 가치에 대한 공격이라고 주장하고, 다른 한쪽에서는 세계 금융자본주의의 중심과 상징에 대한 공격이라고 주장한다. 이 경우 미국 또한 어느 정도 책임을 져야 한다. 지젝이 보기에 두 입장은 서로 대립하지 않는다. 우리는 테러리즘에 맞서야 할 필요성을 수용하면서도 동시에 테러리즘이라는 용어의 의미를 확장해 미국과 서구의 패권적 행위 또한 테러리즘에 포함시켜야 한다.

셋째, 이슬람을 이데올로기적으로 신비화했다. 이슬람의 전통과 정신, 문화를 서방의 문화와 동등하게 존중하는 방식이다. 이때 이슬람 전통과 테러는 분리된다. 그 결과 이슬람은 이데올로기적으로 다시 신비화된다.[4]

넷째, 자유주의적인 태도와 관념으로 테러를 보았다. 이 방식은 이데올로기적 신비화와 비슷하다. 이슬람의 전통보다 현실이 문제라고 지적하면서 아이러니하게도 현실에 대해서는 전혀 언급하지 않는 것이다. 자유주의자들은 관용적 태도로 '이슬람 문화를 바로 알자', '이슬람의 긍정적 가치를 존중하자', '이슬람은 테러 집단과는 관계가 없다'라고 주장하면서 망각을 유도했다. 서방의 지도자들은 이슬람이 구역질나는 테러리스트의 행위와 아무 관련 없는 사랑과 관용의 종교라고 칭찬한 바 있다. 이러한 태도는 9·11 테러가 낳은 정치적 정세와 역학을 포착하지 못한다는 문제가 있다.

다섯째, 종교적 불관용의 태도를 보였다. 기독교 근본주의적인 방식으로, 이교도 사상과 거리를 두어야 한다고 주장했다. 이슬람이 더 오염되지 않도록 기독교 근본주의로 무장해야 한다고 본 것이다.

결과적으로 미국은 미국인의 환상을 유지하기 위해 테러와의 전쟁을 선포했다. 그렇다면 테러와의 전쟁은 어떤 성격을 갖고 있는가? 9·11 테러는 쌍둥이 빌딩을 무너뜨렸다. 이는 20세기 전쟁의 마지막 형태다. 미국은 분명 전쟁이 아닌 전쟁 상태를 지속시키고 있다. 9·11 테러를 기점으로 유전 전쟁, DNA 테러, 독가스 전쟁의 발생 가능성도 제기되고 있다.

미국이 9·11 테러에 어떻게 대응했는지 살펴보자. 9·11 테러 이후 '세계는 미국의 질서대로 움직인다'는 미국 중심적 사고방식은 무너졌다. 그러나 미국은 이를 인정하지 않았다. 오히려 미국은 패권주의를 강화하고 세계 질서를 다시 미국 중심으로 설정하고자 했다. 미국은 미국이 처한 세계의 진상眞相을 놓치고 있다.

미국의 이라크 전쟁을 예로 들어보자. 미국의 이라크 공격이 이슬람 근본주의에 대한 공격이라면, 그 공격은 번지수가 틀렸다. 오히려 이슬람 근본주의를 부추기는 결과를 초래했기 때문이다. 이라크의 사담 후세인Saddam Hussein은 근본주의자가 아니었다. 그는 세속적 민족주의 체제를 지향하는 인물이었다. 그는 목적에 따라 동맹을 바꾸는 실용주의적 통치자였다. 처음에는 유전을 확보하기 위해 이란에 맞섰으며, 동일한 이유로 쿠웨이트와 맞서면서 미국과 결합한 범아랍동맹을 적으로 만들었다. 사담 후세인은 세상이 자신에게 보복하리라는 것을 알면서도 세상을 박살낼 준비가 되어 있는 근본주의자와는 거리가 멀었다. 미국이 이라크를 점령하자 오히려 다른 국가에서 이슬람 근본주의적 반미운동이 빈발하기 시작했다.

9·11 테러 이후 미국은 테러에 대처하는 방식을 바꾸기보다는 오히려 과거로 회귀하면서 '미국은 테러의 피해자'라는 입장을 고수하고 있다. 미국이 취한 노선은 두 가지로 요약된다. 첫 번째로, 미국은 일방통행적 조치를 취했다. 외부 위협에 더욱더 공격적인 자세를 취하고 세계 경찰이 되기를 자처하며 보복 태세를 취한 것이다. 하지만 미국이 이라크 전쟁을 정당화하기 위해 사용한 모든 예측들은 적어도 지금까지는 빗나갔다. 예를 들면, 이라크에서는 어떠한 살상 무기도 발견되지 않았다. 광적인 자살 폭탄 테러범들도 존재하지 않았다.[5] 문제는 실질적으로 미국이 세계 경찰의 역할을 수행하는 '새로운 제

국'이 되기에는 부족하다는 것이다. 미국은 민족국가로서 자신의 이익만 추구하는 행동을 계속하고 있기 때문이다.

두 번째로, 미국은 그 어디에서도 다시는 테러가 발생하면 안 된다며 방어 태세를 고수했다. 지젝은 미국이 9·11 테러를 계기로 환상에서 벗어나서 자신의 한계와 본모습이라는 '실재'에 도달했음을 인정해야 한다고 주장한다.

9·11 테러가 발생하고 난 후 가장 먼저 학계의 관심을 끈 것은 문명충돌론이었다. 새뮤얼 헌팅턴Samuel Huntington의 문명충돌론에 따르면 분쟁은 문명 간의 차이 때문에 발생한다. 그러나 이 주장은 서방 대 이슬람이라는 구도를 지나치게 단순화해 이분법적으로 판단한다는 문제점이 있다. 서방과 이슬람이라는 이분법적 구도는 사실상 불가능하다. 사우디아라비아나 쿠웨이트는 이분법적 분류가 불가능한 제3항이기 때문이다. 미국은 석유 자원을 확보하기 위해 사실상 가장 직접적으로 이 나라들의 독재 정권을 지원했다.

또 다른 궁극적 문제는 서방의 소비주의적 생활 방식이다. 또한 문명충돌론은 비유럽에 대해 서방이 갖고 있는 편견을 방어해준다. 실질적인 문제는 문명 '간間'의 충돌이 아니라, 문명 '내內'의 충돌이다. 그 근거는 다음과 같다.

첫째, 역사적으로 이슬람의 인권 개념이 기독교의 인권 개념보다 훨씬 우월하다.[6] 이슬람은 타 종교에게 무척 관용적이고 타협적이었다. 예를 들어, 오스만 제국에서는 세금만 제대로 지불하면 이슬람 이외의 종교와 문화, 언어 등도 허용되었다.

둘째, 테러는 지정학적이고 경제적인 이해관계의 갈등 때문에 발생한다. 본질적인 문제는 자본주의적 이익 추구지, 문명의 차이나 갈등이 아니다. 이슬람 근본주의자들의 표적은 이슬람 사회를 침식하는 자본주의와 부패한 아랍의 전통주의 체제지, 결코 서구 사회 자체가 아니다.

미국은 9·11 테러의 충격을 지우기 위해 의도적으로 대립각을 세우고 있다. 그것이 바로 테러와의 전쟁이다. 하지만 진짜 문제는 미국 내에 있는 근본주의의 위협이다. 미국 내의 근본주의는 미국인의 욕망을 의식한 미국식 포퓰리즘을 의미한다. 미국은 내부의 문제를 희석시키기 위해 의도적으로 환상을 만들어내고 있다. 환상은 양면적이다. 한편으로는 실재를 가려 우리의 마음을 진정시켜주고, 다른 한편으로는 현실에 틈새를 낸다. 그리고 우리가 현실에 생긴 틈새와 균열을 대면하게 한다. 그 틈새와 균열 사이로 드러나는 실재계는 주체를 파괴할 수 있을 정도로 끔찍해서, 우리는 실재계를 악몽과 같은 그림자의 영역으로 경험하게 된다. 그것이 9·11 테러가 보여준 가장假裝 현실의 효과다. 포스트모던 담론들은 현실이 담론으로 구성되며 상징적인 허구를 자율적인 실체로 착각한다고 주장한다. 그러나 정신분석은 현실을 허구로 착각하지 말라고 충고한다. 현실을 허구로 착각하는 것이야말로 포스트모던 담론의 한계라는 것이다. 현실이 허구임을 폭로하는 것보다 훨씬 더 힘든 일은 실재적 현실 속에서 허구를 구별해내는 것이다.

역설적인 것은, 테러와의 전쟁이 자유를 수호한다는 서방사회의 주장과는 달리 시민들이 자유를 박탈당했다는 것이다. 테러와의 전쟁이 선포된 이후 서방사회의 시민들은 극심한 감시와 검열을 받게 되었으며, 점점 더 요새화·전략화되고 있는 통제 시스템 속에서 시민적 자유는 희생되고 있다. 여기서 잠시 옛 동독인의 농담 얘기를 해보자. 시베리아에 간 동독인이 친구에게 편지를 보내려 한다. 그는 검열관의 눈을 피해 친구에게 시베리아의 실상을 전하기 위해 '파란색 잉크로 쓴 내용은 사실이고 빨간색 잉크로 쓴 내용은 거짓'이라는 암호를 정한다. 친구에게 온 편지는 파란색으로 쓰여 있었는데, 그 내용은 '빨간 잉크만 빼고 모두 있다'는 것이었다. '빨간 잉크'는 '부재'

를 의미하는 은유적 표현이다. 어쩌면 자유, 민주주의, 테러와의 전쟁, 인권 등은 빨간 잉크와 비견될 수 있을 것이다.[7]

상황을 '생체정치Bio-politics'라는 개념을 빌어 조금 더 자세히 설명해보자. 푸코는 《성의 역사 Histoire de la sexualité》에서 '생체권력'이라는 표현을 사용했는데, 이는 국가가 출생률, 사망률, 건강 수준, 수명, 장수 등에 개입하고 통제하는 것을 말한다. 군주국가에서 군주는 권위와 권력을 얻기 위해 국가와 인구를 필요로 했다. 그런데 근대국가가 되면 국가권력의 입장에서 인구는 자본을 생산하는 노동력으로 바뀐다. 푸코의 생체권력은 인구를 관리하기 위해 등장한 근대적 권력이다. 푸코는 이러한 권력을 바탕으로 행해지는 국가 통치를 생체정치라고 했는데, 이 개념을 이탈리아의 철학자 조르조 아감벤 Giorgio Agamben이 조금 더 발전시켰다. 아감벤은 국가가 모든 생명을 관리하지는 않는다고 말한다. 국가가 모든 인구를 똑같이 취급하는 것은 아니며, 사회의 의미에 따라 차별적인 기준을 적용한다는 것이다. 바로 이 지점에서 생체정치가 문제가 된다. 인종, 성별, 나이, 계급, 계층에 따라 국가가 인구를 다르게 관리할 수 있게 된 것이다. 이는 근대국가의 출현에 따른 결과다.

우리 모두가 생체정치의 대상이라면 우리는 곧 법의 보호를 받지 못하고 희생되어야 하는 호모 사케르homo sacer다. 호모 사케르는 아감벤이 사용한 용어로, '정치 공동체'의 구성원으로 보호받지 못하는 '열외 인간'을 의미한다.[8] 가령 2001년 미국의 탈레반Taliban 소탕 작전 당시 체포된 '미국인 탈레반' 존 워커John Walker는 호모 사케르다.

지젝은 아감벤의 '호모 사케르'라는 개념을 급진적 민주주의 기획의 한 요소로서 가볍게 받아들여서는 안 된다고 주장한다. 뿐만 아니라, 그는 이 개념이 급진적 민주주의 기획으로 포섭될 수 없다고 본다. 미국 정치의 새로운 도덕적 문제는 조작과 위선에 있지 않다. 도덕성을 직접적으로 동원한다는 것이 문제다. 미국은 '진지한 민주주의적' 노력들을 직접적으로 동원하며, 민주주의의 논리에 의존한다.

러시아의 경우를 예로 들 수 있다. 러시아 경찰이 체첸의 테러리스트들보다 자국 시민을 더 많이 죽여가면서 모스크바 극장에 진입한 사건은 우리 모두가 잠재적으로 호모 사케르라는 사실을 명백하게 보여준다. 어떤 사람은 완전한 시민이지만 어떤 사람은 배제된다는 뜻이 아니다. 예기치 않은 긴급사태는 우리 모두를 배제시킬 수 있다.[9]

참정권과 시민권 역시 생체정치의 전략적 고려의 결과이자 부차적 제스처에 불과하다면 일종의 생색내기와 다름없다. 우리는 선거철에만 잠시 주권자 대우를 받는다. 정치적 행위나 정치과정을 번거로운 것으로 여기고 '행정' 개념으로 이해하는 것이 탈정치 시대의 특징이다. 국민을 주권자가 아닌 복리 후생의 대상으로 보는 것이 탈정치의 결과다.

테러 이후 인권을 보호한다는 명목 아래 시민권을 없애버렸다는 점도 아이러니하다.[10] 법적인 질서를 유지하기 위해 시민의 법적 권리를 배제한 것이다. 테러 의혹이 든다는 핑계로 이슬람교도를 마음대로 잡아 가두는 경우가 그 예다. 이때 시민으로서의 개인적 권리는 완전히 묵살된다. 이렇게 인권과 시민권이 충돌하는 방식으로 테러와의 전쟁은 지속되고 있다.

억압된 소수자와 타자를 위해 테러를 자행한다는 테러리스트의 주장도 역설적이다. 타인을 사랑하기 때문에 세상을 파괴한다는 뜻이다. 인간의 생명을 담보로 한 테러리스트의 주장은 그 어떤 경우에도 정당화될 수 없다.

테러와의 전쟁을 벌이는 이들은 이슬람 테러리스트를 너무나 증오한 나머지 민주주의 세계까지 파괴하는 우를 범하고 있다. 인간의 존엄성을 너무나 사랑한 나머지 이를 지키기 위해서 고문을 합법화해야 한다고 주장하는 것과 마찬가지다. 이러한 상황에서 '자유민주주의 사회는 개인의 존엄성이 존중되고 사생활이 보장되는 사회'라는 말은 이데올로기적 구호에 불과하다. 지젝은 전 세계에서 벌어지는 테러와의 전쟁의 목표가 진정한 정치 행위의 조건들을 무력화시키는 것이라고 주장한다. 전형적인 반유대주의처럼 문제의 초점을 흐려 우리의 관심을 갈등의 근원지에서 슬쩍 다른 곳으로 이동시키는 것이다. 우리는 테러와의 전쟁이 진정한 정치적 행위를 무력화시키기 위해 이데올로기적으로 우리를 동원하려 한다는 사실을 간파해야 한다. 이것은 '주체 없는 주체화'로서의 행위다.[11]

그렇다면 어떻게 이러한 악순환의 구조에서 벗어날 수 있을까? 지젝은 대테러 전쟁과 관련해 두 가지 태도를 구분해야 한다고 말한다. 하나는 이슬람의 위협으로부터 서양 문명을 보호한다는 명목을 내세운, 명백하게 인종차별적인 '기독교 근본주의'다. 다른 하나는 이슬람 근본주의의 위협으로부터 이슬람 자신을 보호한다는 '관용적 자유주의'다. 서양을 이슬람 문명으로부터 보호하는 것과 이슬람을 이슬람 근본주의로부터 보호하는 것, 이 두 가지가 서로 다른 것은 분명하다. 그러나 지젝은 둘 간의 차이만큼 공통점도 중요하다고 지적하며 둘 다 '자기 파괴적 변증법'에 사로잡혀 있음을 강조한다. 기독교 근본주의건 관용적 자유주의건 삶을 위협하는 모든 것을 통제하려는 시도는 결국 진정한 삶 자체를 파괴한다는 것이다.

그렇다면 이슬람에게는 어떤 선택지가 있을까? 지젝은 이슬람 사회주의에 주목한다. 테러 공격은 위대하고 숭고한 이슬람교와는 아무 관련이 없다. 그는 이슬람이 근대화에 반대한다는 사실을 인정해야 한다고 본다. 이슬람이 모든 위대한 종교 중에서도 근대화에 가장 반대한다는 사실을 한탄하기보다는, 이런 반대를 열린 기회로, '결정 불가능한' 것으로 이해해야 한다는 것이다. 근대화에 대한 반대가 필연적으로 '이슬람-파시즘'으로 귀결되는 것은 아니며, 사회주의 기획으로 이어질 수도 있다. 또한 지젝은 이슬람이 현재의 곤경에 파시즘으로 답할 수 있다는 '최악'의 가능성을 품고 있기 때문에 동시에 '최선'의 가능성을 위한 장소가 될 수도 있다고 주장한다. 이슬람은 자본주의적 세계 질서에 통합되기를 바라지 않을 뿐이며, 실상 여타의 종교보다 더욱 강력한 사회적 연계를 갖고 있다. 그리고 이슬람주의자들의 과업은 이러한 사실들을 정치화시켜 이슬람 근본주의 테러리스트에 의해 오용된 이슬람에 반대하고 참된 이슬람을 찬양하는 것이다.

그렇다면 일반인은 일방적 태도로 일관하는 서구 사회에 대해 어떤 태도를 가져야 할까. 대부분의 사람들은 무조건적으로 테러를 비난하고 서구의 결백에 동조한다. 이는 결국 미국과 서구 중심의 세계주의로 귀결되는 것이다. 또한 어떤 사람들은 아랍의 극단주의를 비판하면서 현실 세계에 대한 자신의 책임을 회피한다. 그와 더불어 심층적인 정치와 사회적 대의를 위한 희생을 당연시한다. 테러의 위험성을 강조하면서 국가의 사생활 감시, 고문과 같은 강압적 행위 등에 아무런 반론을 제기하지 않는 것이다.

지젝은 일반인이 취해야 할 유일한 태도가 아랍 극단주의의 테러에 반대하면서 서구의 패권주의 독재에 반대하는 것이라고 말한다. 우리는 모든 희생자들과 연대하면서 우리/그들이라는 구도 속에서 사유해야 한다. 여기서 '그들'이란 서방의 권력자들과 보수화된 아랍 극단주의 모두를 일컫는다. 궁극적으로 이슬람 근본주의는 자본주의를 반대하지 않는다. 이슬람 근본주의는 자본주의의 한 구축물이다. 이슬람 근본주의자와 서방의 권력자는 한 쌍이다. 이슬람 근본주의는 자본주의의 과잉적 요소를 전통적인 윤리적 요소로 통제하려 한다. 통제와 제어가 불가능한 윤리를 근본주의적 요소로 저지하려는 것이다. 이에 반해 서구는 자본주의가 최고로 발달한 사회다. 여기서 놓치지 말아야 할 것은, 타자를 인정하지 않는다는 점에서 자유주의도 근본주의의 하나라는 것이다. 따라서 서구와 이슬람 테러리스트 간의 전쟁은 근본주의와 자유주의의 싸움이 아니다. 결국 두 근본주의의 갈등이다.

지젝은 테러 진압자와 테러리스트 중 한 명을 선택해야 하는 게 아니라고 주장한다. 양측은 모두 '우리'와 맞서는 '그들'이기 때문이다. 9·11 테러 이후 크게 두 가지 내러티브가 등장했는데, 지젝은 둘 다 옳지 않다고 본다. 하나는 미국식 애국주의 내러티브다. '무고하게 공격을 당했으니 애국심을 되찾아 일어서자'라는 식이다. 그러나 반대로 '미국은 수십 년 동안 저질러온 행위에 대해 당연한 대가를 치르는 것'이라는 좌파적 내러티브가 있다. 무조건적으로 애국주의에 호소하는 것도 문제지만, 지젝은 무책임한 좌파적 주장이 과연 정당한지 의문을 품는다. 지젝은 이러한 좌파적 주장은 미국뿐만 아니라 유럽 좌파의 관점에서도 매우 수치스러운 것이라고 평한다.

그렇다면 우리는 어떠한 답을 선택해야 할까? 우선 '이슬람 근본주의 대對 서방 자본주의'라는 구도에서 벗어나야 한다.

문제 해결은 '자본주의 대 그것의 타자'라는 설정에서 가능해진다. '그것의 타자'는 자본주의의 틀 안에 있는 유사 자본주의를 뜻한다. 문제는 자본주의 내에서의 이해관계로 인해 시작되었다. 따라서 자본주의 자체의 문제점을 해결하려는 근본적인 노력이 필요하다.[12]

한편, 곤경에 처한 민주주의의 탈출구로 여겨지는 급진적인 정치 행위는 자유주의자에게 예상된 반응을 야기할 수밖에 없다. 급진적 정치 행위는 '절대적인' 성격을 띠기 때문이다. 그렇게 되면 무엇이 진정한 윤리적 행위이고 무엇이 나치의 극악한 행위인지 구분이 불가능할 수 있다. 행위란 언제나 어떤 사회적-상징적 맥락상에서의 구체적인 개입이다. 동일한 제스처가 맥락에 따라 행위가 될 수도 있고, 공허한 포즈가 될 수도 있다. 행위는 언제나 철저한 위험을 수반한다. 데리다 Jacques Derrida는 키르케고르 Søren Kierkegaard와 마찬가지로 이를 결정의 광기 madness of decision라고 칭했다. 행위는 최종적 결과에 어떠한 보증도 없는 채 결정되지 않은 상태를 향해 나아간다. 행위가 자신이 개입하는 좌표 자체를 반동적으로 바꿔놓기 때문이다. 비판자들이 참을 수 없는 것은 바로 이러한 '보증 없음'이다. 그들은 '초월적 위험'이 없는 행위를 원한다.

'절대적인 행위'에 반대하는 이들은 사실상 행위 그 자체에 반대하는 셈이며, 그들이 원하는 것은 행위 없는 행위다.[13]

민주주의 자체는 그러한 보증을 제공해줄 수 없다. 과잉이 발생하지 않으리라는 보장은 어디에도 없다. 우리는 위험을 떠안아야 하며, 그것은 정치적인 영역의 일부다.[14] 어쩌면 그것이 민주주의를 누리는 대가일지도 모른다. 한마디로, 민주주의를 누리는 대신 과잉 또는 광인의 위험을 안고 살아야 한다는 것이 지젝의 논리다.

테러와의 전쟁, 즉 '민주주의의 긴급 상태'라고밖에 부를 수 없는 상태를 만드는 궁극적인 목적은 민주주의 행위의 조건들을 무력화하는 것이다. 갈등을 흐리려는 목적으로 외부의 적을 불러내는 것은 공산주의자들이 전형적으로 써먹었던 어법이다. 반유대주의자가 자신의 내부 갈등을 봉합하기 위해 무고한 유대인들에게 무슨 짓을 했나? '우리' 사회집단에 들어와 조화를 위협하는 외부 침입자라며 유대인에게 모든 갈등의 원인을 뒤집어씌우지 않았던가? 물론 이와는 정반대로 내부적인 실패 요인을 거짓으로 환기시키는 이데올로기 작동법도 있다. 오늘날의 수동적이고 소비적인 서방사회에 대한 보수주의 비판자들의 주장에서도 그러한 모티프를 발견할 수 있다.

궁극적인 위협은 외부로부터, 근본주의적 타자로부터 오는 것이 아니라 내부에서, 우리 자신의 무기력함과 도덕적 해이, 명확한 가치관과 확고한 참여, 헌신과 희생정신의 결여에서 온다는 비판이다.

지젝은 라캉의 '행위' 개념을 빌려 진정으로 윤리적인 행위가 무엇인지를 다음과 같이 설명한다. 삶을 살 만한 가치가 있도록 만들어주는 것은 바로 '삶의 과잉'이며, 기꺼이 목숨을 걸 만한 무엇인가가 있다는 자각이다. 목숨을 걸 만한 삶의 과잉은 자유, 명예, 존엄성, 자율성 등으로 부를 수 있다. 그러한 과잉을 위해 위험을 무릅쓸 준비가 되어 있을 때만 우리는 진정으로 살아 있는 것이다. 다시 말해, 죽기를 각오하는 것이야말로 '삶의 과잉'이다. 그런 과잉이 없다면 우리는 진정으로 살아 있는 게 아닐뿐더러 삶 자체를 잃어버리게 될 것이다. 이러한 삶의 과잉을 선택하는 것이야말로 진정한 행위다.

1 　라캉은 인간 존재의 현실이 세 가지 차원으로 구성된다고 말한다. 곧 상징
　　계the symbolic, 상상계the imaginary, 실재계the real다. 지젝은 실재를 "상징
　　적 네트워크 자체 내부의 틈"으로 봐야 한다고 말한다. 실재란 '실체적 사
　　물the substantial thing'이 아니라 상징적 네트워크, 곧 상징계의 간극이 불러
　　낸 효과라는 것이다. 지젝은 라캉의 세 범주 가운데 '실재계'를 핵심적인
　　탐구 주제로 삼았다. 이현우,《로쟈와 함께 읽는 지젝》(자음과 모음, 2011),
　　34~35쪽.

2 　실재계와 주체 사이의 거리가 사라지면 에로틱한 매력이 혐오감으로 변한
　　다는 것을 잘 보여주는 영화가 오시마 나기사大島 渚 감독의 〈감각의 제국
　　愛のコリダ〉이다.

3 　슬라보예 지젝,《이라크: 빌려온 항아리》, 박대진 외 옮김(도서출판b, 2004),
　　159쪽.

4 　알랭 바디우는 '이슬람적 테러리즘Islamic terrorism'이라는 말에서 '이슬람
　　적'이라는 수식어는 '테러리즘'에 외견상의 내용을 제공하는 것 외에는 아
　　무 의미도 없다고 했다. 칸트적 용어로 말한다면, 수식어 '이슬람적'은 순
　　전히 형식적 범주인 '테러리즘'의 가짜 '도식화'를 제공하며, '테러리즘'
　　에 허위적인 실체적 밀도를 부여한다. 헤겔적 용어로 말한다면, 그러한 반
　　성적 규정reflexive determination(이슬람적 테러)의 진실은 그것이 규정적 반성
　　determinate reflexion으로 내재적이고 불가피하게 반전된다는 사실에 있다.
　　'테러리즘적 이슬람terrorist Islam', 즉 이슬람의 바로 그 정체성을 구성하는
　　테러리즘으로 말이다. Alain Badiou, *Infinite Thought*(London: Continuum,

2003), p. 153; 슬라보예 지젝, 앞의 책, 62쪽.

5 슬라보예 지젝, 앞의 책, 28쪽.

6 제1세계와 제3세계의 경계를 배경으로 9·11 테러를 설명할 수 있는데, 이 두 세계, 곧 서양의 소비주의적 생활 방식과 이슬람 급진주의 사이의 이데 올로기적 대립에 관해 두 가지 직접적인 철학적 참조점이 있다. 바로 헤겔 과 니체다. 니체식으로 말하면, 이것은 '수동적' 니힐리즘과 '능동적' 니힐 리즘의 대립이다. 그리고 헤겔식으로 말하면 보통 '주인과 노예의 변증법' 이라고 불리는 주인과 하인 사이의 투쟁이다. 서구가 주인이고 이슬람이 하인일 것 같지만, 오히려 그 반대다. 슬라보예 지젝, 《실재의 사막에 오신 것을 환영합니다》, 이현우·김희진 옮김(자음과모음, 2011), 63~84쪽.

7 슬라보예 지젝, 《실재의 사막에 오신 것을 환영합니다》, 11쪽.

8 지젝은 자유민주주의의 주체성 양식을 '호모 서케르homo sucker'로 표현 한다. 호모 서케르는 타인을 착취하고 빨아먹으려고 하지만 결국 그 자신 이 먹잇감이 되고 마는 인간이다. 지젝은 우리가 지배 이데올로기를 조롱 하고 있다고 생각할 때 오히려 우리에 대한 지배를 강화시키고 있다고 지 적한다. 냉소주의가 오히려 지배 이데올로기를 강화시켜줄 뿐이라는 것이 다. 슬라보예 지젝, 《실재의 사막에 오신 것을 환영합니다》, 104쪽 참조; 이현우, 《로자와 함께 읽는 지젝》, 115쪽.

9 슬라보예 지젝, 《이라크: 빌려온 항아리》, 76쪽 참조.

10 오늘날 타자에 대한 자유주의적 관용의 태도를 구성하는 요소는 두 가지 다. 타자에 대한 존중과 개방성 그리고 학대에 대한 강박적 두려움이 그것 이다. 타자에게 관용적이어야 한다는 의무가 실상 뜻하는 바는 타자의 공 간에 침입할 수 있으니 타자와 너무 가까워져서는 안 된다는 것이다. 나의 과잉-접근에 대한 타자의 불관용을 존중해야 한다는 것이다. 후기-자본 주의 사회에서 점점 더 중심으로 부상하고 있는 인권은 이와 같은 학대받

지 않을 권리, 즉 안전한 거리를 둘 권리다. 유사한 구조는 우리가 자본주의적 폭리와 관계 맺는 방식에서도 분명 현존한다. 자선 활동으로 상쇄된다면 폭리를 취해도 괜찮다. 동일한 논리가 전쟁, 인도주의적 혹은 평화주의적 군국주의의 부상에도 통용된다. 평화와 민주주의에 기여하는 한 전쟁은 괜찮다는 논리다. 심지어 민주주의와 인권에도 동일한 논리가 적용된다. 고문과 영속적인 비상사태를 포함하는 것으로 '재고'된다면 인권은 좋은 것이며, 포퓰리즘적 '과잉'이 제거되고 민주주의를 실천할 만큼 충분히 '성숙한' 자들에게 국한된다면 민주주의는 좋다는 것이다. 슬라보예 지젝,《이라크: 빌려온 항아리》, 197쪽.

11 인간은 인간일 뿐이며 유한하고 분열되어 있다. 인간은 신이 아니며 신처럼 행동하려 해서도 안 된다. 인간은 신처럼 행동하려 할 때 불가피하게 악을 야기하기 때문이다. '비극적 체념의 윤리'라 불리는 이러한 자세는 악의 실재적 근원을 깨닫는 데 실패한다는 의미다. 홀로코스트를 예로 들어보자. 나치는 스스로를 신으로 여겨 누가 살고 누가 죽을지 결정할 수 있다고 생각했기 때문이 아니라, 스스로를 신의 '도구'로 보았기 때문에 유대인을 학살할 수 있었다. 주체에게 가장 힘든 일은 어떤 의미로 자신이 '신'임을, 자신이 선택권을 가지고 있음을 받아들이는 것이다. 이때 선택을 회피하는 방식이 사드적 도착, 즉 자신을 도구로 보는 것이다. 그렇다면 자신은 명령에 복종하는 도구에 불과하므로 죄책감을 느끼지 않게 된다. 여기서 우리는 '최고선'과 '최고악'이 인간 행위자에게는 불가능하다고 배제한 칸트를 공격할 필요가 있다. 알렌카 주판치치,《실재의 윤리》, 이성민 옮김(도서출판b, 2004), 153쪽.

12 '자본주의와 그것의 타자'는 'Capitalism and its Other'을 번역한 것이다. '자유주의 대 근본주의'라는 유사 선택지 대신 '자본주의 대 그것의 타자'가 진정한 선택지라는 말이다. 현 시점에서 타자로서의 반자본주의는 반세계화 운동 등의 흐름으로 대표된다. 주의할 점은 '자본주의 대 반자본주의'가 구조적으로 부차적인 다른 현상에 수반된다는 점이다. 그것은 '자본

주의 대 그 과잉'이다. 20세기 역사에서 우리는 어떤 패턴을 식별할 수 있었나? 자본주의가 자신의 진정한 적을 깨부수기 위해 불장난을 시작하고 파시즘이라는 형태의 외설적인 과잉을 동원하기 시작했다는 것이다. 이 과잉(파시즘)이 너무 강력해져서 '자유주의적' 자본주의는 자신의 진정한 적인 공산주의와 힘을 합쳐서 과잉을 억눌러야 했다. 그것이 제2차 세계대전이다. 자본주의와 공산주의 사이의 전쟁이 '냉전'이었던 것에 반해서, 자본주의 내부의 전쟁은 거대한 '열전hot war'이었다. 슬라보예 지젝,《실재의 사막에 오신 것을 환영합니다》, 99쪽.

13 라캉적 의미에서 '행위'는 불가능한 명령과 실정적 개입 사이의 틈새를 중지시킨다. 행위는 '발생하기가 불가능impossible to happen(진정한 행위는 결코 일어날 수 없다)'이라는 의미에서가 아니라 '발생한 불가능impossible that happened'이라는 의미에서 '불가능'하다. 행위 속에서 불가능한 것이 발생한다는 것이다. 슬라보예 지젝,《이라크: 빌려온 항아리》, 107쪽.

14 슬라보예 지젝,《실재의 사막에 오신 것을 환영합니다》, 210~211쪽.

남성 히스테리의 탄생

소설 《상처 짓이기기》를 중심으로

아직도 지구상에서는 국가 간 전쟁과 내전이 끊임없이 벌어지고 있다. 서양 최초의 군사 사상가이자 철학자인 폰 클라우제비츠Carl von Clausewitz는 자신의 저서 《전쟁론*Vom Kriege*》에서 전쟁은 정치의 연장선상에 있으며 하나의 전략일 뿐이라고 말했다. 뿐만 아니라 모험성, 대담함, 무모함 등이 요구되는 전쟁의 본질이 인간 정신에 가장 적합하다는 전쟁론을 펼쳤다.[1] 그렇다면 그의 전쟁론은 과연 누구를 그리고 무엇을 위한 것인가? 수없는 무고한 사람들이 전쟁으로 목숨을 잃고, 수많은 참전 병사들이 전쟁 후유증으로 정상적인 생활을 하지 못하는 상황에서 국가와 민족을 위한 전쟁은 어떤 의미가 있을까?'

전쟁, 국가/민족, 남성은 서로가 서로를 가능하게 하는 삼위일체다. 그러나 전쟁은 남성 히스테리를 탄생시켰다. 남성은 오랜 시간에 걸쳐 남성성의 신화를 구축해왔지만, 때때로 그 신화에 깔려 질식할 것 같은 위기에 직면한다. 전쟁은 위기에 직면한 남성들에게 새로운 '인간'으로 탄생하고자 하는 욕망을 일깨워주기도 한다. 터키의 시인이자 작가 아틸라 일한 Attila Ilhan은 자신의 작품을 통해 이러한 욕망을 형상화시켰다. 아틸라 일한은 이미 우리의 기억 너머로 사라져버린 한국전쟁의 참전 용사였다. 그는 한국전쟁에 대한 기억을 소설《상처 짓이기기 Yaraya Tuz Basmak》에 담아냈다.

이 소설은 한국전쟁에 참전했던 터키군 장교가 고국에 돌아와 전쟁 후유증을 치유해가는 과정을 그리고 있다. 이 작품은 터키군의 한국전쟁 체험을 보여준다는 점에서 흥미로우며[2], 한국전쟁에 대한 세계 각국의 평가와 함께 비교문학적 접근을 시도할 수 있다는 점에서 매우 귀한 작품이기도 하다. 한국전쟁을 다룬 터키 문학은 대부분 아마추어 작가가 쓴 것으로 선전선동 문학이 주를 이루지만, 이 작품은 전쟁에 대한 기성작가의 날카로운 비판 의식을 담고 있으며 예술적 완성도가 매우 높다.

오이디푸스 삼각형과 국가라는 이름의 아버지

《상처 짓이기기》에서 작가는 1950년대 있었던 한국전쟁과 1960년 5월 27일에 발생한 터키 군사혁명을 조망한다. 이 작품은 한국전쟁에 실제로 참전했던 작가의 전쟁관을 고스란히 담고 있으며 한국의 이미지와 사건을 그대로 재현한다. 작가는 이 작품에서 전쟁 또는 국가에 대한 소명 의식이 갖는 허구성을 드러내며 반전의 메시지를 전한다.

주인공 데미르는 제2차 세계대전이 한참 진행되던 시기, 터키에서 전략적으로 매우 중요한 도시인 부르사에서 어린 시절을 보낸다. 군사기지에서 성장한 데미르에게 군인이 되는 것은 가장 멋진 일이었다. 데미르는 부모와 함께 근사한 저택에서 살다가 위기에 처한 조국을 구하기 위해 군에 입대한다. 늠름하게 성장해 보병 부대의 중위가 된 데미르는 한국전쟁이 발발하자 군인 정신을 실천해야 한다는 사명감으로 전쟁에 자원한다.

데미르가 머나먼 타국의 전쟁에 자원한 것은 터키 공화국 이념에 충실한 군인이 되기 위해서였다. 프로이트적으로 해석하면 그는 아버지/로고스가 되어 어머니를 얻고자 하는 욕망을 품고 아버지에게 다가가기 위해 한국전쟁에 자원한 것이다. 프로이트는 사람의 성장 과정을 오이디푸스 삼각형 안에 가둬놓았지만 '아버지, 어머니, 나'라는 삼각형을 기본으로 하는 가족 로망스는 종종 민족주의나 국가주의로 확장된다. 확장된 국가/민족 이데올로기 안에서 국가는 아버지의 자리를 대신한다.[3] 애국심과 군인 정신을 가진 이상주의자 데미르에게 국가는 아버지와 같다. 근대에 아버지·국가가 출현하면서 남성성과 여성성도 서열을 갖게 되는데, 이는 남성성이 주인 mastery으로 다루어지는 것과 같은 맥락이다.[4] 아버지·국가의 성립을 가능하게 하는 근대성은 여성 소외로 이어진다. 근대성의 표현에서 남성성은 객관성, 이성, 자유, 질서와 동일시되는 반면에, 여성성은 주관성, 느낌, 필요성, 혼란으로 격하된다. 그런데 남성들이 추구해온 이성적 자아상인 대문자 자아[5]가 여성성의 개념을 소멸시키면서 어머니도 성적 어머니와 모성적 어머니로 분리된다. 모성적 어머니는 로고스·아버지의 복제물이다. 데미르는 아버지를 자아 이상으로 삼아 동일시하며, 부재하는 '모성적 어머니'에 대한 환상을 키운다. 그리고 신화화된 모성적 어머니와의 상상적 관계를 통해 자신의 로고스를 완성해 나가도록 요구받는다.

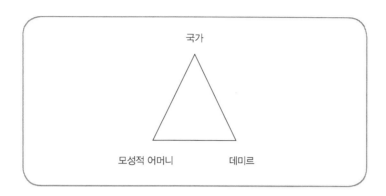

국가

모성적 어머니   데미르

   당시 터키 정부는 한국전쟁에 터키군을 파병하는 것이야말로 위기에 처한 국가를 구원하는 길이라고 대대적으로 천명했다. 이에 종교계를 비롯해 언론, 문단의 많은 사람들이 전쟁 참전을 독려했고, 터키 국민들의 대대적인 지지 속에 파병이 진행되었다. 군인 정신의 발현이라는 이상주의적 사고와 영웅심은 '국익과 인류 평화를 위한 참전'이라는 명분을 만들어냈다. 민족이 존재하지 않았던 독일에서 민족을 규정하는 데 유대인이 크게 공헌했던 것처럼, 한국전쟁은 당시 터키의 분열과 혼란을 수습하는 데 큰 기여를 했다. 터키 정부는 한국전쟁에 군대를 파병하여 한국과 터키를 동일시함으로써 국민을 반공 이데올로기로 이끌어내는 데 성공했을 뿐만 아니라, 혼란스러운 국내의 정치 상황도 수습해 민족과 국가의 통합을 유도할 수 있었다.

이처럼 국가 이념 실현의 최전선에는 파병군이 있었다. 국가에 대한 환상과 이상주의의 실현이라는 야망을 가지고 머나먼 한국으로 날아간 데미르는 전투에서 매우 심한 부상을 입는다. 그는 부산의 스위스 병원에서 치료를 받지만 회복하지 못하고 도쿄의 미국 병원으로 수송되어 수술을 받는다. 데미르는 목숨보다 더 중요하게 생각했던 국가에 대한 충성심을 뒤로하고 할 수 없이 귀국길에 오른다. 불구가 될지도 모른다는 두려움에 떨며 고국에 돌아온 그는 앙카라 궐하네 군인 병원에서 3개월간 치료를 받는다. 데미르는 전투에서 발휘한 영웅적 행위에 대한 보상으로 훈장을 받는다. 몸을 희생한 대가로 전쟁 영웅으로 다시 태어난 것이다.

영웅은 남성 속의 여성을 극복하기 위해 창조된다. 영웅의 특성을 강조하는 것은 여성이 아직 존재하며 투쟁의 대상이 될 수 있음을 증명하려는 시도다. 다시 말해 대문자 자아가 無의 경계에 부딪혔음을 부정하는 행위인 것이다. 전쟁 영웅이 부상이나 사망으로 인해 전쟁의 무가치함을 인지하려 할 때 그들에게는 훈장이 주어지며 그들은 영웅으로서 사회 속에 재배치된다.

전쟁과 남성 히스테리의 탄생

데미르는 영웅이 되는 대가로 남성으로서의 성 기능을 잃어버렸다. 전쟁 후유증으로 발기불능이 된 것이다. 이러한 데미르의 히스테리성 증후는 자신을 억누르는 심리적·정신적 억압이 육체적으로 발현된 무의식적 증상이라고 할 수 있다. 그렇다면 히스테리의 근본 원인은 무엇일까? 이들을 짓누르는 심리적·정신적 억압의 정체는 무엇인가? 그것은 바로 우리 사회의 아버지들이 만들어놓은 로고스 중심의 사회질서다. 근대 이성과 정신이 구현한 가부장적 질서가 데미르가 겪는 정신적 외상의 근원적 실체인 것이다.[6]

   데미르는 그를 전쟁터로 밀어 넣은 어머니·민족의 욕망의 대리자로서 오이디푸스 삼각형의 한 꼭짓점에 위치한다. 데미르는 그들의 욕망을 좇아 '충성스러운 군인'으로서 아버지·로고스의 위치에 다다라야 한다. 반듯하고 훌륭한 군인이 되어 아버지의 명령을 수행해야 하는 것이다. 하지만 그는 로고스의 질서에 부합하지 않는 잉여적 욕망을 갖고 있다. 그는 아버지·로고스에 억눌린 자아를 히스테리로 표출한다. 성 기능을 상실함으로써 남성성과 여성성의 범주와 위계를 무효화하고

자 하는 것이다.

아버지·로고스가 이루어놓은 가부장 체제는 남성성과 여성성을 폭력적으로 분리하고 위계화시켜 남성 중심의 사회질서를 공고히 했다.[7] 여성이 남성에게 복속되는 것이 보편적인 자연법칙이라는 미명하에 여성은 촘촘한 사회의 그물망 안에 갇혀버렸다. 여성의 육체와 성적 자아 또한 억압되었다. 여성은 무성적인 '모성적 어머니'로 귀속되거나 체제 바깥으로 내던져졌다. 여성과 모성적 어머니 사이의 간극을 메우는 것은 여간 힘든 일이 아니다. 성적 어머니가 사라진 모성적 어머니에 대한 상상적 관계는 히스테리를 만든다. 데미르 몸속의 성적 자아가 반기를 든 것이다.

남성 히스테리인 데미르는 국가, 아버지, 전쟁, 남성으로 이어지는 남성 중심의 사회질서에 균열을 내고 경계인이 됨으로써 여성성을 획득하려는 자신의 잉여적 욕망 자체를 갈구한다. 역사적으로 모든 전쟁은 '정상적' 신체와 정신을 가진 모든 남자들을 잠재적 군인으로 그리고 국가를 위해 목숨을 바치는 희생자로 만들었다. 이에 비해 여성, 장애인, 어린이 등 사회적 소수자는 보호받는 자로 그려졌다. 이러한 이미지는 가부장적 남성성을 강화하고 남성에게 여성을 통제할 특권을

부여해왔다. 데미르는 이에 대한 부정으로 남성성을 상실하고
히스테리로 다시 태어난 것이다.

　남성의 성 불능은 치유해야 할 개인적 질병으로 여겨지지만
여성의 불감증과 같은 히스테리의 대표적 증상이다. 남성 히
스테리는 남성성과 여성성의 상투적 범주에 혼란을 초래한다.
남성 히스테리는 남성 속에 여성이 일부 들어가 있음을 증명
한다. 남성 히스테리 환자는 자기 안에 있는 여성성을 타자로
만들어 타자의 몸을 제거하려 한다. 육체를 지우려는 행위는
육체가 있음을 입증하는 것이다. 육체적인 고통은 예술적 능
력에 대한 증거가 된다. 남성 히스테리는 머릿속의 상상적 여
성에게 물질적 실체를 부여함으로써 자신의 창조적 힘, 심리
적 양성성 그리고 자신이 불완전하다는 것을 인정하는 소문자
자아를 간직한다.[8]

억압된 것의 귀환

전쟁 후유증으로 성 불능이 된 데미르는 찬크르 보병학교에
발령받지만, 그 사이 대위로 진급해 또 한 차례 국가의 부름

을 받는다. 이렇게 해서 그는 1960년 터키 군사혁명이라는 역사적 현장을 목격한다. 1960년 4월 28일 데미르는 이스탄불에 있는 어느 대학을 둘러싼 시위 현장에 있다. 계엄령하에서 삼엄한 경비 태세를 갖추는 것이 그의 임무다. 군사재판소에서 연락장교의 임무를 수행하기도 한다. 무사히 임무 수행을 마친 그는 군사혁명의 주요 인물들과 밀접한 관계를 맺게 되고, 소령 계급장을 단다.

그러는 사이 데미르는 바르륵 신문사 여기자인 위밋을 만난다. 위밋은 서구적 사고를 가진 적극적이고 진취적인 여성으로, 데미르의 인생에 깊이 파고든다. 두 사람은 위밋이 '참전군은 한국전쟁에서 싸워야 했던 이유를 알고 있었을까?'라는 제목의 르포르타주를 준비하는 과정에서 인터뷰를 하게 되어 가까워진다. 둘 사이에는 사랑이 싹트지만 그들의 사랑은 성적인 사랑으로 나아가지 못한다. 데미르가 성 기능을 상실했기 때문에 둘의 사랑은 지적이고 사상적인 교류에 머물고 만 것이다.

데미르는 원래 오이디푸스 삼각 구도 안에 위치하고 있었다. 그러나 어머니, 아버지와의 삼각관계 속에서 성적 존재로서의 남성을 소멸시키고 아버지·로고스가 되도록 강요받았다. 이들의 오이디푸스 삼각 구도가 하나로 겹쳐지지 않는 것은 아버지의 여자가 하나로 통합되지 못하고 모성적 어머니와 성적 어머니라는 두 명의 어머니로 분열되었기 때문이다. 이러한 분열은 로고스인 남성이 세계를 전유하는 자신의 방식에 따라 여성을 탈육체화(정신화)하는 과정에서 비롯된 후유증이다. 성적 어머니는 탈육체화되지 않는 자신의 성적 자아와 충족되지 않는 욕망을 히스테리로 치환한다.

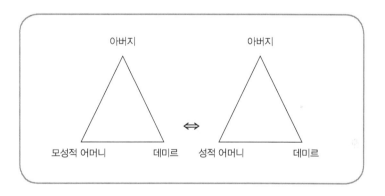

데미르가 사랑하게 된 여자 위밋은 그의 히스테리를 치유하고자 노력한다. 그러나 그녀는 정작 자신도 히스테리라는 사실을 깨닫지 못한다. 데미르와 마찬가지로 그녀도 탈육체화되지 못한 성적 자아가 히스테리로 치환된 존재다. 그녀는 데미르의 머리 모양, 옷, 분위기는 변화시키지만 데미르의 성 기능을 회복시키지는 못한다.

위밋 역시 성적 자아로서의 여성을 소멸시키고 아버지·로고스를 위해 봉사해온 인물이다. 오이디푸스 삼각형의 한 꼭짓점에는 사회주의라는 이념과 아버지·로고스가 있다. 데미르에게 국가와 민족에 대한 환상으로서의 대타자the Other가 자유주의국가 실현이라는 이념과 군인 정신의 실현이라면, 위밋에게 대타자는 사회주의 이념이다.[9] 또한 위밋에게는 잃어버린 사랑이 있다. 사랑하는 사람을 잃어버린 외상이 심리적·정신적 억압이 되어 히스테리성 증후를 만든 것이다. 사회주의 이념을 위해 희생된 약혼자의 혼령은 유령이 되어 떠돌며 그녀의 성적 자아를 억압한다. 결국 충족되지 못한 그녀의 욕망은 히스테리로 치환된다.

데미르에게 필요한 것은 성적 자아를 끌어당겨줄 치유의 손길이다. 그러나 치유의 돌파구는 뜻밖에도 다른 사람에게서 마련된다. 위밋은 그녀가 쓴 기사가 국가보안법에 저촉되었다는 이유로 구속되고, 혼란스러운 정치 상황을 피해야 했던 데미르는 수앗의 집으로 피신한다. 6개월간의 숙박료를 지불하고 수앗의 집에 거처를 마련한 데미르는 집 주인 수앗을 욕망하게 된다. 데미르는 모성적 어머니와 성적 어머니 사이의 갈림길에서 심하게 흔들린다. 그러나 몸속에서 끓어오르는 성적 자아와 성적 어머니에 대한 갈망으로 인해 데미르는 수앗을 향한 강렬한 욕망을 거부하지 못한다. 어느 날 그는 불현듯 알 수 없는 힘에 이끌려 수앗과 사랑을 나누게 된다. 그리고 오랫동안 잃어버렸던 성 기능은 그녀와 하룻밤을 보내면서 회복된다. 그녀의 아름다움과 부드러움이 잠들었던 그의 성적 자아를 자극해 깨워낸 것이다. 데미르는 다른 사람의 아내와 사랑을 나눔으로써 자신의 정체성을 되찾고 치유되지만, 다른 사람의 아내와 정을 통하고 애인 위밋을 배신했다는 죄책감으로 고통스러워한다.

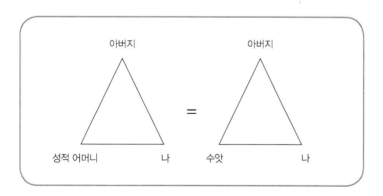

그는 죄책감을 가슴 속에 묻고 위밋에게 청혼한다. 수감 생

활에 지쳤기 때문일까. 오랫동안 독신주의를 고수하던 위밋은 마침내 '결혼을 할 수도 있을 것 같다'는 말을 남긴다. 수앗을 통해 히스테리 증세를 치유하고 소령으로 진급한 데미르는 아버지·로고스가 되기 위한 모든 준비를 끝마친 상태다. 아버지의 품 안으로 회귀할 수 있게 된 그에게 남은 것은 훌륭한 군인으로서 아버지의 권좌에 올라 임무를 수행하는 것뿐이다. 그러나 여전히 히스테리로 남아 있는 위밋이 데미르와 결합할 수 있을지는 미지수다. 여기서 데미르가 대표하는 집단과 시대적 환상이 결정적 역할을 한다. 여자는 어머니가 되어야 하고, 위밋은 상상 속의 여성성이 감각적 현실이 될 수 있도록 하나의 이념으로 변해야 했다. 성적 자아가 소멸된 채 이념이 되어버린 위밋은 여전히 히스테리로 남겨져 있었던 것이다.

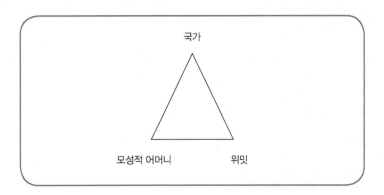

그들이 외부의 장애 없이 결혼이라는 제도에 안착하면 새로운 오이디푸스 삼각형이 만들어질 것이다. 그러나 그것이 문제 해결의 실마리가 되기는 어렵다. 중요한 것은 데미르가 위밋이 처한 상황, 즉 모성적 어머니와 성적 어머니가 불행하게 이별하고 있는 상황에 다리를 놓아줄 중재자의 역할을 훌륭히 수행할 수 있을지의 여부다. 오이디푸스 삼각형을 넘어선 무언가를 창조해내는 힘은 데미르의 소문자 자아에 남겨진다. 소설이 끝날 때까지 이 문제에 대한 실마리는 등장하지 않는다.

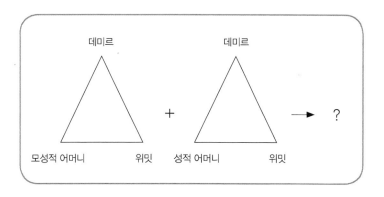

데미르의 소문자 자아가 불완전하지만 더 감각적이고 물리적이며 실제적인 대문자 자아에 의해 대체된다면 위밋은 치유되지 못할 것이다. 데미르가 인위적인 에로스와 성적 존재를

만들어내야 한다는 생각에 사로잡혀 있다면 모성적 어머니와 성적 어머니의 결별은 불행히도 끝없이 이어질 것이기 때문이다. 데미르가 성적 자아로서 존재하게 될지 아닐지는 아무도 알 수 없다. 하지만 로고스·국가에 대한 반감으로 내부적 분열과 몸의 반란을 경험했던 데미르이기에, 그가 로고스·국가를 추구하기 위해 자신의 창조적 힘과 소문자 자아를 모두 소멸시킬 것으로 보이지는 않는다. 히스테리를 치유하는 과정에서 발견했던 자신의 모습과 양성성의 회복이야말로 근대 이성주의를 극복하고 남성성에 짓눌린 사회를 조화롭게 재구성할 수 있는 길임을 그가 이미 깨달았기 때문이다.

국가와 민족이라는 이름의 환상 가로지르기

데미르의 남성 히스테리가 로고스·국가 때문에 생겨난 것이라면, 조국의 이상에 대한 그의 환상은 누구를 위한 것일까? 그 환상은 대타자, 혹은 사회의 상징적 구조 안에 설정된 자아 이상을 위한 것이다. 주체는 자아 이상과 자신을 동일시하며 자신이 보여지기를 바라는 방식으로 자신을 본다. 이때 데미르에게 대타자는 이상적인 자유주의국가의 실현이고, 군인 정신의 발현이다. 사회의 상징적 구조 속에서 데미르는 이상에 맞춰 현실을 개조할 창조자로 자신을 지목해 동일시한다. 조국에 대한 그의 사랑은 일차적으로 공화국 창시자인 케말 파샤의 이상에 대한 사랑이었으며, 이 사랑 때문에 그는 머나먼 이국땅에서 벌어진 전쟁에 자원하게 된다. 그는 그때까지 대타자가 한낱 상징적 허구에 불과하다는 사실을 깨닫지 못했고, 사람들은 이 허구가 그들의 상상보다 더 큰 힘을 발휘한다는 것을 알지 못했다.[10]

권력의 실행이나 전쟁은 남성다움을 증명하는 것에서 시작된다. 즉, 남성성의 실현으로 받아들여지는 군사주의나 민족주의는 사회의 군사화를 촉진 및 강화시키는 이데올로기로 작동한다. 전쟁은 군사주의 및 민족주의 이데올로기가 상호 관련을 맺으면서 전면적으로 사회를 군사화하는 대표적인 예다.[11] 전쟁이 국가와 민족 간의 분쟁 형태로 나타난다고 볼 때, 국가주의나 민족주의가 허구적 이념이듯 전쟁 또한 허구적이다. '국가와 민족이라는 명분을 내세우는 전쟁이 과연 누구를 위한 것인가'라는 질문을 던져야 하는 것도 이 때문이다. 그러나 가장 중요한 것은, 주체에게 대타자로 인식되는 국가주의와 민족주의 자체가 결핍이며 상징 질서 또한 구멍 나고 얼룩져 있다는 사실이다.[12] 모든 전쟁은 국가와 민족의 이름으로 대량 학살과 강간 등 모든 종류의 폭력을 정당화한다. 국가주의와 민족주의는 가부장제를 필요로 하며, 이데올로기로서 젠더 위계를 강화해 나간다. 국가주의, 민족주의, 군사주의 이데올로기는 남성은 보호자고 여성은 피보호자라는 역할과 지위를 만들어내고, 이 역할과 지위는 남성의 여성 지배를 정당화한다. 민족주의는 전형적으로 남성화된 기억과 남성화된 굴욕, 남성화된 희망에서 나온 것이라는 분석이 이를 보여준다. 그런데 이런 민족주의나 국가주의는 쉽게 가족주의로 전환된다.[13]

아버지·로고스에 의한 가부장 체제는 그 질서 내에서 낮은 위치와 서열에 배치된 다수의 사람들에게 억압과 굴종을 안겨주었다. 강요된 모성성 때문에 많은 여성들이 자신의 진짜 자아를 어딘가에 꼭꼭 숨겨두었으며, 남성들은 아버지·로고스가 되어야 한다는 당위 때문에 자신들의 진짜 자아를 헌신짝처럼 내던져버렸다. 소설 《상처 짓이기기》에서는 숨겨지고 버려진 이들의 진짜 자아가 데미르의 히스테리를 통해 음울하지만 강렬하게 귀환했다. 그는 자신의 억압된 욕망과 억눌린 자아를 히스테리로 치환했다. 그래서 자신의 존재를 세상에 알렸으며, 누군가로부터 구원되기를 갈망했다. 히스테리의 중심에는 억압된 타자로서의 여성성이 놓여 있다. 여성성이 전능한 아버지·로고스에 의해 오랜 시간에 걸쳐 체계적으로 말살되어온 결과, 성적 존재로서의 인간의 양성성은 설 자리를 잃었다. 여성의 몰락은 점차 성적 존재 전체의 몰락을 의미하게 되었다.[14] 남성이 자기 내부에 있는 '여성'을 상실함으로써 자신의 존재마저 소멸될 위기에 처하게 된 것이다. 뒤늦게 나타난 결과가 남자들의 히스테리다. 데미르가 아버지·로고스의 질서와 체제에서 벗어나기 위해 끊임없이 발버둥 치고 자신의 잃어버린 여성성을 찾아 끊임없이 헤매게 된다면 그는 히스테리로 남게 될 것이다.

이는 데미르만의 문제는 아니다. 이 시대의 많은 남성들이 자신들이 스스로 구축해온 남성성이라는 거대한 구조물에 깔려 신음하고 있다. 이제 그들은 자신의 어깨 위에 놓인 과도한 책임과 의무에서 벗어나기 위해 발버둥 치기 시작했다. 자신의 권리와 권한을 포기하는 대신 자신이 짊어진 무거운 짐을 여성들에게 나누어주는 남자들이 생겨나기 시작했다. 어깨에 힘을 빼고 자기 안에 숨겨진 여성성을 발견하기 시작한 남성들도 하나둘씩 늘어나고 있다. 이는 물론 오랜 세월 여성들이 투쟁해온 결과다. 하지만 한편으로는 남성들이 자신들이 만들어온 지배 체제에 스스로 억압되어왔음을 힘겹게 고백하는 것이기도 하다. 남성은 자신도 몰랐던 여성성을 획득하면서 새로운 '인간'으로 다시 태어나는 진통을 겪어야 하는 것이다.

작가는 1950년대의 한국전쟁과 1960년 터키의 군사혁명을 국제전과 국내전이라는 전쟁 메커니즘으로 바라본다. 작가는 한국전쟁과 터키 군사혁명에서 국가인 아버지·로고스가 가져다준 것이 무엇인가를 묻는다.[15] 주인공 데미르는 한국전쟁 참전을 "남의 나라까지 가서 전쟁을 했지요. 남의 이익을 위해 전쟁을 했다구요. 내 몸을 치유한다는 게, 그만 다른 사람 몸에 상처를 만들었지 뭐예요"라고 회상한다.[16]

아버지·로고스의 질서와 체제 그리고 전쟁에서 벗어나기 위해 발버둥 치는 데미르가 민족과 국가라는 대타자의 시선에서 벗어나려면 대타자의 환상을 꿰뚫고 대타자 자체가 결핍이며 균열이라는 사실을 직시해야 한다. 그때 비로소 히스테리의 아들들은 오이디푸스 삼각형을 무너뜨리고 아버지·로고스 체제에 일대 타격을 가하는 최후의 승자가 될 수 있을 것이다.

데미르가 보이는 히스테리성 증후는 자신을 누르는 심리

적·정신적 억압이 육체적으로 발현된 무의식적 증상이다. 성 불능 증상을 통해 상상 속의 여자에게 실체를 부여함으로써 자신의 창조적 힘과 심리적 양성성 그리고 소문자 자아를 회복하려는 노력인 것이다. 성적 존재로서의 남자를 소멸시키고 아버지·로고스가 되기를 강요받았던 데미르는 위밋을 사랑하지만 성 기능은 회복되지 않는다. 정작 그를 치유할 수 있었던 것은 성적 어머니로서의 기능을 담당할 수 있었던 수앗이다. 수앗을 통해 히스테리 증세를 치유한 데미르는 소령으로 진급하지만 또 다시 민족과 국가라는 대타자의 환상을 위해 자신의 소문자 자아를 소멸시키지는 않을 것이다. 이미 히스테리가 되었던 그는 국가와 민족이라는 환상을 가로질러 자신의 내면에 실재하는 소문자 자아의 부름과 마주했기 때문이다. 그 부름을 통해 이제 그는 역으로 자신의 거세된 애인 위밋과 결합하고 그녀를 치유하고자 한다.

남성들은 아버지·로고스가 되어야 한다는 당위 때문에 자신의 진짜 자아를 소멸시켜버렸다. 또, 민족과 국가 이데올로기로 세상을 전쟁 속에 휘몰아 넣기도 했다. 그러나 전쟁을 거부하는 남성들은 히스테리가 되어 자신의 억압된 욕망과 억눌린 자아를 히스테리로 치환해 세상에 알렸다. 그것이 남성 히스테리다. 히스테리의 중심에는 억압된 타자로서의 여성성이 있다. 자신의 내부에 있는 '여자'를 다시 살려냄으로써 아버지 질서와 체제에서 벗어나기 위한 한걸음을 내딛는 것이다.

이 소설의 작가 아틸라 일한은 아버지·로고스 체제에서 벗어나려 발버둥 치고 자신의 억압된 자아와 잃어버린 여성성을 찾아 신음하는 데미르를 통해 전쟁과 민족, 국가주의의 허구성을 폭로한다. 우리에게 이 작품이 보다 가깝게 느껴지는 이유는 비단 한국전쟁을 바라보는 작가의 시선과 체험 때문만은 아닐 것이다. 이 소설은 지구촌 곳곳에서 전쟁이 끊임없이 이어지는 오늘날 평화의 실마리를 제공해준다. 그 실마리는 다름 아닌 남성들의 여성성 되찾기 그리고 남성들의 자기 분열과 모순 극복하기다. 남성의 내부에서 스스로 터져 나온 반발과 저항이 어느 순간 걷잡을 수 없는 불길이 되어 로고스 체제 자체를 위협하게 된다면, 그때는 어쩌면 지구상에 전쟁이 사라질지도 모른다. 억압되었던 것이 남성 히스테리를 통해 귀환하는 현상을 반전과 평화의 징후로 읽어야 하는 이유도 바로 여기에 있다.

1 카를 폰 클라우제비츠, 《전쟁론》, 류제승 옮김(책세상, 1998), 52~53쪽.

2 필자는 터키 문학에서의 한국전쟁문학에 관한 논문을 여러 차례 발표했으며, 터키에서 한국전쟁을 주제로 한 단행본 *Türk Edebiyatında Kore Savaşı*(Ankara: Kemal Yayınları, 2005)을 출판했다.

3 가족을 '어머니, 아버지, 나'의 가족 삼각형 안에 가두는 데 결정적인 역할을 한 것이 바로 프로이트의 가족 로망스다. 이를 뒷받침해주는 가설이 오이디푸스 콤플렉스와 거세 콤플렉스다. 오이디푸스 콤플렉스는 아버지, 어머니, 나라는 삼각형 구도를 기본 전제로 한다. 양성적인 존재였던 유아가 오이디푸스 단계를 거치면서 어머니에 대한 사랑을 포기하지 않으면 거세당할 것이라는 두려움 때문에 사랑 대상으로서의 어머니를 포기하고 여성과 남성으로 태어나게 된다는 것이 가족 로망스의 핵심이다. 여기에는 근친상간을 금기로 만드는 아버지의 법, 문명의 질서가 숨어 있다.

4 쿨은 근대의 기초가 되는 이성, 지식 등의 개념이 이미 성차별 개념에 기초한다고 강조한다. Diana Coole, *Women in Political Theory*(Hemel Hempstead: Harvester Wheatsheaf, 1993), p. 197.

5 대문자 자아는 완전성에 대한 환상과 전능하고 무한한 가능성을 보유한 남자인 동시에 여자이므로 성이 없다. 대문자 자아는 정신의 피조물이며 스스로 추상이 아닌 물질이 되기 위해 소문자 자아의 몰락을 요구한다. 이 자아는 로고스가 규정하는 남성과 여성의 표상에 해당하는 자아라고 할 수 있다. 소문자 자아는 자신의 불완전성을 의식하고 자신이 죽을 수밖에

없다는 것과 어떤 특정한 성에 속할 수밖에 없다는 것을 아는 자아다. 크리스티나 폰 브라운, 《히스테리: 논리 거짓말 리비도》, 엄양선 옮김(여성문화이론연구소, 2003), 14~15쪽.

6 정신분석학적으로 히스테리의 역사를 연구한 크리스티나 폰 브라운은 여성들의 히스테리가 문자로 기록된 남성들의 로고스의 법칙을 거부하는 몸의 언어라는 사실을 명쾌히 밝혀주었다. 그녀에 따르면 로고스라 불리는 근대 이성, 남성 중심의 거대 서사는 문자와 사유, 논리라는 자신의 무기로 자연과 육체, 물질 등을 억압해왔다. 정신과 물질을 억지로 분리시킨 후, 물질을 여자에게 폭력적으로 전가시킴으로써 자신의 우월성을 확립했다는 것이다. 자연이나 육체와 등치된 여성은 남성 주체의 타자가 되어 역사, his' story의 무대 뒤로 사라졌다. 이렇게 억압된 여성들의 욕망이 육체적 증후로 나타난 현상이 바로 히스테리다. 로고스·이성이 승리를 구가하던 19세기 서구에서 여성들의 히스테리 질환은 그 정점을 이루었다. 발작이나 기절, 호흡곤란 등의 히스테리 증세들은 로고스에 의해 강요당한 '자아 부재'를 극단으로 밀어붙임으로써 자신의 존재를 증명하고자 했다. 이것은 다소 의식적으로 연출된 신체 언어였다. 이렇게 큰 동작의 과도한 히스테리 증후들은 로고스·이성의 완전한 승리가 이루어지는 19세기 이후로 점차 잦아진다. 이것은 성적 자아로서의 여성이 점차 로고스·아버지의 복제물인 모성적 어머니로 포섭되는 것과 때를 같이한다. 그런데 이렇게 성적 존재인 여자가 사라지는 것은 '어머니'로서의 여자 자신이 성적 존재인 남자 또한 없애고 그를 아들로 바꾸어버리는 결과를 초래한다. 성적 존재인 여자가 어머니로 교체되자 남자 역시 타자의 상실과 그로 인한 성적 자아의 상실로 고통을 받기 시작한다. 남성 히스테리가 터져 나오는 것은 이때부터다. 전능하고 총체적인 남성이라는 로고스의 신화는 남자 자신의 목을 치는 부메랑으로 되돌아온 것이다. 이제 히스테리는 여성, 남성을 불문하고 의학적 증상을 넘어 다양한 전이를 수행하게 되었다. 크리스티나 폰 브라운, 앞의 책, 280쪽.

7 '여성성'은 논란의 소지가 많은 민감한 개념이다. 브라운의 통찰을 빌려 이 개념을 재구성해보면, 여성성이라는 개념은 두 가지 의미를 갖는다고 볼 수 있다. 바로 성적 존재로서의 인간이 지니는 여성성과 사회·문화적으로 구성된 인위적인 이미지로서의 여성성이다. 이 글에서 여성성은 성적 존재의 의미로 사용된다.

8 제1차 세계대전에서 남성들은 전쟁을 거부하는 증상을 보임으로써 전투를 거부했다. 이는 여성의 전환 히스테리와는 다르게 정신적 외상에 의한 히스테리라고 불렸다. 그런데 전쟁 히스테리는 전쟁을 도발한 나라의 군인들에게서 압도적으로 많이 발견되었다. 그들이 전쟁이 무의미하다는 것을 깨달았기 때문이다. 제2차 세계대전 중에는 인도 병사들에게서 전쟁 히스테리가 많이 나타났다. 그들을 전쟁터로 보낸 어머니·민족이 그들을 무화시켜버린 것이다. 병사의 소문자 자아는 전쟁 경련증 환자의 육체에서 죽음에 저항해 투쟁한다. 다른 하나는 위대한 어머니·민족의 품속에서 의식을 상실하는 심리적 죽음이다. 이러한 이중 죽음에 대한 저항으로서 남성 히스테리가 생겨난 것이다. 전쟁은 언제나 있어왔다. 그런데 전쟁 경련증이 특히 19세기 남성에게서 발견된 이유는 무엇인가? 남자의 남자다움, 즉 남성성이 환상일 뿐만 아니라 자신이 존재하지 않는다는 공허로 인해 생겨났다는 것을 깨달았기 때문이다. 이와 같은 남자의 탈육체화 증상이 바로 남성 히스테리라고 볼 수 있다. 크리스티나 폰 브라운, 앞의 책, 328~369쪽.

9 라캉의 대타자 개념은 본질적으로는 언어와 담화의 상징적 질서를 지칭하지만 하나의 의미만을 갖지는 않는다.

10 레나타 살레클, 《사랑과 증오의 도착들》, 이성민 옮김(도서출판b, 2003), 131~168쪽.

11 Cynthia Enloe, "Nationalism and Masculinity", *Bananas, Beaches and Bases: Making Feminist Sense of International Politics*(Berkely LA: University of

California Press, 2000), pp. 19~42.

12 슬라보예 지젝, 《이데올로기라는 숭고한 대상》, 이수련 옮김(인간사랑, 2002), 213~214쪽.

13 독일에서 반유대주의가 등장한 것은 독일의 국가사회주의·민족주의적 사고의 등장과 관련이 있다. 다른 곳과 달리 민족이 존재하지 않았던 독일에서는 유대인 문제가 민족을 규정하는 중요한 요건이 되었다. 즉, 통합적 민족인 대문자 자아는 인위적인 대문자 타아를 필요로 했으며, 인위적인 타자인 유대인을 경계함으로써 비로소 자기 증명을 할 수 있었던 것이다. 국가의 탄생은 시대적 환상을 필요로 했다. 여자는 어머니가 되어야 했으며, 상상 속의 여성은 감각적 현실이 될 수 있도록 하나의 이념으로 변해야 했다. 슬라보예 지젝, 앞의 책, 381~431쪽.

14 크리스티나 폰 브라운, 앞의 책, 330쪽.

15 Attila Ilhan, *Yaraya Tuz Basmak*(Ankara: Bilgi Yayınevi, 1978), p. 516.

16 Ibid., p. 528.

전쟁과 테러의
숨은 희생자, 여성

모든 전쟁과 테러는 여성에게 매우 큰 영향을 미친다. 그렇다면 전쟁과 테러, 여성은 어떤 관계가 있을까? 9·11 테러 이후 미국이 벌인 두 차례의 전쟁은 이슬람 여성에게 어떤 의미일까? 이슬람 여성과 전쟁을 바라보는 올바른 시각은 무엇일까? 이슬람의 이상을 실현해서 완전한 이상 국가를 건설하겠다는 이슬람 극단주의자의 테러는 이슬람 여성에게 어떤 영향을 미칠 것인가? 이슬람주의의 '온전한' 실현이 과연 이슬람 여성을 보호하고 해방시킬 수 있을 것인가?

9·11 테러 이후 테러와의 전쟁을 선포한 미국 정부는 아프가니스탄을 상대로 공습을 감행했다. 아프가니스탄에 어둠이

짙어지던 2001년 10월 7일이었다. 텔레비전 프로그램들은 크루즈 미사일, 스텔스 폭격기, 토마호크 미사일, 벙커 파괴용 미사일 등 각종 신무기의 활약상을 컴퓨터 애니메이션과 함께 자세히 보도했다. 전쟁의 참상과 잔혹함은 사라지고, 전 세계 사람들은 마치 할리우드 영화나 게임을 감상하는 자세로 텔레비전 앞에 앉았다. 신무기의 각축장으로 묘사된 보도 영상 안에서 전쟁은 착한 편이 악당을 무찌르는 비디오게임처럼 그려지고 있었다. 세계 여론은 '문명 충돌'이니 '근본주의의 충돌'이니 하면서 사태를 미국과 탈레반, 미국이 주도하는 서방과 이슬람 문명권과의 갈등으로 해석했다.

아프가니스탄을 점령한 미국은 두 번째 목표물로 이라크를 지목했는데, 그 명분은 대량살상무기 제거였다. 미국이 내세운 전쟁의 명분은 사실상 테러와는 아무런 관계가 없었지만 결국 전쟁은 발발하고 말았다. 이라크 전쟁은 20일 만에 바그다드가 함락되면서 사실상 종결되었다. 이라크 전쟁을 통해 미국이 획득하고자 했던 1차 목표는 이라크의 정권 교체였다.

테러와의 전쟁이 국제 정세를 첨예화시키던 2010년, 아랍의 봄이 시작되었다. 중동 국가들은 아랍의 봄을 기점으로 분쟁과 내전을 거듭하고 있다. 정권 교체를 놓고 벌어진 세속주의자와 이슬람주의자 간의 내전, 시아파와 수니파 간의 갈등 등 정치권력, 종교, 이념을 둘러싼 문제들이 가시화되어 나타나고 있는 것이다. 뿐만 아니라 시리아 내전이라는 혼란기를 틈타 출현한 이슬람국가Islamic State(이하 IS)[1]가 국제적으로 큰 문제가 되고 있다.

이라크의 급진 수니파 무장 단체인 IS는 미국인 종군기자를 참수한 것을 시작으로 영국인 구호활동가들과 미국인을 참수한 영상을 차례로 공개해 전 세계를 경악케 했다. 최근에는 화형이라는 방법으로 인질을 보다 잔혹하게 살해하면서 공포정치를 강화했다. 김선일 씨 참수 사건(2004)을 주도하기도 했던 IS는 단순 테러 조직으로 볼 수 없다. 과거에는 찾아볼 수 없었던 형태를 띠고 있으며 시리아와 이라크의 정치 상황에 저항하는 반군의 특성도 보인다. 국가를 대안하는 기능을 하기도 한다.

알카에다Al-Qaeda든 IS든 이슬람주의와 지하디즘Jihadism을 기본 이념으로 한다. 19세기 유럽의 제국주의에 맞서기 위해 등장한 이슬람주의는 제국주의 열강의 침탈에 속수무책으로 당할 수밖에 없는 이슬람 국가의 운명을 통탄하면서 이슬람 세계가 마련한 방안이었다. 알라의 가르침을 제대로 실천해서 이슬람 세계가 직면한 문제를 수습하려고 이슬람주의를 주창했던 것이다. 이슬람주의는 과거 이슬람 세계의 영광을 재현하고자 했으며, 이슬람의 종교로 사회와 정치 등 모든 분야를 해석하고 실천할 수 있다고 믿었다. 이때 이슬람 국가의 지식인들이 생각한 '현대화'는 서구의 과학기술만을 의미했다. 서구의 선진 문물과 문명을 일구어냈던 과학기술만 인정했을 뿐, 서구의 제도와 체제는 받아들이지 않았던 것이다. 이슬람주의를 강력하게 주창했던 이슬람 국가들은 선거나 국민주권 등의 개념은 받아들이지 않았다. 이런 맥락에서 볼 때 세속주의를 받아들였던 터키에서조차 신여성이 배제된 것은 예상된 결과였다.

중동에서 독립국이 늘어나고 중앙집권국가가 등장하면서 극단적인 이슬람주의가 등장하기 시작했다. 사우디아라비아의 와하비즘이 그 시작이었다. 이후 중동에서 여러 전쟁이 발생하면서 극단적인 이슬람주의자들이 '정치이슬람Political Islam'을 만들었다. 새로운 정치적 대안으로 등장한 정치이슬람은 지하드(성전聖戰), 즉 종교를 위한 폭력의 사용을 용인하는 지하디즘으로 변화했다. 이슬람을 폭력적으로 해석하면서 변질된 종교 이념은 이후 테러를 정당화하는 무장 단체를 출현시켰다.

알카에다는 1980년대 이슬람주의자들이 소련군을 방어하기 위해 아프가니스탄에 결집한 것을 계기 삼아 글로벌 지하드로 출범했다. 이때 미국 CIA는 오사마 빈라덴Osama bin Laden을 중심으로 한 알카에다를 지원했다. 그 이후 알카에다는 이란에 혁명이 일어나자 시아파의 성장을 두려워한 사우디아라비아의 지원을 받고 급성장한다. 오사마 빈라덴은 지하드 조직을 장악하고 서구와 '먼 적far enemy', 즉 시온주의자를 공격 대상으로 삼는다. 전 세계의 이슬람 공동체와 무슬림을 보호하기 위해 미국과 이스라엘을 공격해야 한다는 것이었다. 알카에다는 점차 초국가적 조직으로 자리매김하게 되었다.

알카에다에서 분리되어 나온 IS는 가까운 적과 먼 적을 구분하지 않는다. 그 대신 선한 이슬람과 악한 이슬람을 나눈다. 서구든 이슬람이든 악한 이슬람으로 분류되면 공격 대상이 된다. 예전의 무장 단체는 방어적인 성격을 띠고 있었지만 IS는 매우 공격적이다. 뿐만 아니라 영토와 통치권을 주장한다. 실제로 IS는 방대한 지역을 장악하고 있으며 공개적으로 국가를 선포했다.

중요한 것은 IS가 칼리프 국가를 선포했다는 것이다. 중세부터 현대에 이르기까지 이슬람의 정치 사상가들은 무함마드 사후에 이슬람 대제국을 건설한 정통 칼리프 시대(632~661)를 이슬람의 황금시대로 간주하고 칼리프 국가를 이상적 국가로 보고 있다. 엄밀하게 말하면 오스만 제국이 붕괴하고 터키 공화국이 출범하기 직전인 1924년에 칼리프 제도가 공식적으로 폐지됨으로써 이슬람 국가는 지구상에서 사라졌다고 볼 수 있다. 이슬람 국가는 칼리프 제도를 중심으로 한 정교일치 국가를 이상으로 하기 때문이다. 그리고 그 이후 이슬람의 여러 정치 사상가, 이집트 무슬림형제단Muslim Brothers 등의 여러 이슬람 정치 세력, 심지어 알카에다까지 칼리프 제도의 복원을 통한 이슬람 국가 건설을 꿈꿔왔다. 그런데 현재 IS가 칼리프 제도를 복원해서 이슬람 국가를 출범시킴으로써 이슬람 공동체의 이상향이 탄생했다는 환상을 불러일으키고 있는 것이다. IS는 시간의 축을 다시 632년으로 되돌려 이슬람의 황금시대로 돌아가기를 꿈꾼다. 실제로 IS는 칼리프 시대의 거버넌스를 모델로 삼아 4개 위원회를 조직해서 윌라얏 시스템Wilayat System이라는 국가조직을 운영하고 있다. 이들이 사용하는 수사에서도 영화로운 칼리프 시대를 재현하려는 의도가 엿보인다. IS는 외국에서 충원된 전사들을 '무하지룬Muhajirun'이라고 부르는데, 이는 무함마드가 쿠라이시족의 박해를 피해 메카에서 야스리브로 이주할 때 무함마드를 따라 이주한 이주자들을 통칭하는 용어다.

IS는 제1차 세계대전 이후 사이크스 피코 협정Sykes-Picot Agreement에 의해 그어진 중동 지방의 국경선을 완전히 부정하고 국경 재편을 시도하면서 식민주의 유산을 해체하고자 한다. 이들은 서쪽으로는 중앙아시아, 동쪽으로는 이베리아 반도, 북쪽으로는 크림 반도, 남쪽으로는 아프리카 수단을 포함하는 방대한 이슬람 제국을 기획하고 있다. 국제 질서를 주체적으로 재편하겠다는 야망을 품은 IS는 대외적으로 대미 항전을 벌이는 동시에 러시아 체첸 반군을 독려함으로써 푸틴을 자극하고 있다. 또한 중국 신장의 위구르족을 공개적으로 지지하고 동남아시아에서 활동하는 이슬람 테러 조직인 제마 이슬라마야Jemaah Islamiyah의 재건을 지원함으로써 인도네시아와 말레이시아의 원리주의 운동을 지원하고 있다.

또한 IS는 종말론을 선동의 수단으로 이용한다. IS는 홍보의 수단으로 《다비끄Dabiq》라는 잡지를 발행하는데, 다비끄는 십자군 전투가 벌어졌던 도시의 이름이다. 바로 이곳에서 이슬람 군대가 이교도와 마지막 결전을 벌이면서 인류 최후의 날을 맞이하게 된다는 것이 IS의 종말론이다.

일부에서는 세계가 제3차 세계대전에 접어든 것이 아니냐는 우려 섞인 분석을 내놓고 있다. 유엔 회원국 수의 절반 이상인 90여 개국에서 2만 명이 넘는 사람들이 IS로 넘어갔다. 그리고 미국은 IS를 진압하기 위해 국제연합전선을 형성하자고 주장하고 있다. 이는 '국가 간의 전쟁'이라는 패턴에서 벗어났을 뿐 제3차 세계대전에 접어든 것과 다름없다는 분석도 틀린 것은 아니다.

이상적인 칼리프 국가라는 환상과 종말론에서 비롯된 종교적 두려움이 전파를 타면서 IS는 테러 조직의 수준을 넘어서 국가의 기틀을 잡아가고 있다. 그런데 이처럼 중동에서 발생하는 전쟁과 테러가 여성에게 어떠한 영향을 미칠지에 대해 관심을 갖는 사람은 많지 않다. 전쟁과 테러가 아무리 그럴듯한 명분과 이상을 갖고 있다 하더라도 결국 여성이 고스란히 그 피해를 떠안게 된다는 사실은 변하지 않는다. 이와 관련된 문제는 누가 제기해야 하는가?

테러와의 전쟁, 이슬람 국가 건설을 위한 성전에서 이슬람 여성은 어디에 있는가?

오리엔탈리즘을 극복하고 다문화주의를 수용하자는 이슬람 내의 주장들은 '서방＝보편'이라는 관념에서 벗어나 각국의 현실과 문화에 맞는 길을 모색하는 데 관심을 둔다. 이는 서방을 극복하고 근대를 비판한다는 점에서 상당히 긍정적으로 볼 수 있다. 그러나 반제국주의와 반가부장주의를 지향해야 하는 제3세계 국가에서는 전통 담론이 오리엔탈리즘을 극복하기 위한 대안으로 사용되면서 오히려 가부장제를 공고히 하는 위험을 안게 되었다.

이슬람 전통 안에서 여성 해방을 모색하는 이슬람 페미니스트들의 주장은 저마다 조금씩 다르다. 전통과 가부장제, 다원성의 역학 관계 속에서 무게중심의 비중이 조금씩 다르기 때문이다. 마지드A.Majid를 비롯한 이슬람의 진보적 페미니스트와 정치적 이슬람주의자들은 서방적인 것을 보편적이고 진보적이라고 보는 생각과 그 배후의 자본주의가 이슬람권 여성 해방에 걸림돌이 되고 있다고 주장한다. 그리고 이슬람 페미니즘이야말로 반제국주의, 반가부장주의를 지향하고 자본주의에 저항하면서 풍요롭고 평등한 다多중심적 세계에 기여할 혁명적 세력이라고 보았다. 방향이 저마다 다르다 할지라도 이슬람 페미니즘의 무게중심은 서방에 대한 저항에 있다고 볼 수 있다.

이슬람 진영 내에 여성의 권익을 모색하는 여러 가지 목소리가 산재하는 가운데, 근본주의 및 전체주의 사회에서의 이슬람 여성의 삶을 바라보는 서구는 다문화주의와 인권 보호 사이에서 주저하고 있다. 인권유린 그 자체였던 아프가니스탄 여성들의 삶을 어떻게 해석해야 하는가의 문제는 그만큼 혼란스러운 것이었다. 이러한 혼란과 망설임 때문에 9·11 테러 이전 탈레반 정권하에서 일할 수도, 학교에 갈 수도, 심지어 의료 혜택을 받을 수도 없는, 남자와 동행하지 않으면 한 발자국도 집에서 나갈 수 없는 아프가니스탄 여성의 삶은 국제사회의 관심을 받지 못했다. 빈곤과 기아, 질병과 환경 파괴의 고통 속에서 허우적대던 이라크 여성들도 미미한 주목만을 받았을 뿐이었다. 이슬람 여성의 인권유린은 다원성과 인권의 경계를 넘나들며 복잡한 외줄타기의 선상에서 이해되었다. 아랍의 봄 이후 이집트를 비롯한 중동 국가에서 외신 기자와 자국민 여성이 성폭행을 당하고 내전 중인 시리아의 여성들이 참혹한 상황에 처했지만 이 모든 상황은 전쟁이라는 거대 담론에 파묻혀 국제사회의 관심을 받지 못하고 있다.

서구 제국주의와 전통적 가부장제의 이중적 모순 속에서 진자 운동을 하는 제3세계 여성의 탈식민적 상황은 미국과 아프가니스탄의 전쟁을 통해서도 드러난 바 있다. 근대화 이후부터 줄곧 논란이 되어왔던 베일 문제는 미국이 아프가니스탄 침공 이후 여성 해방의 상징으로 이용하면서 첨예한 논쟁을 불러일으켰다. 베일이 이슬람 여성의 정체성을 구성하는 가장 중요한 요소로 인식되어왔기 때문에 이슬람 문화의 다원주의적 위치 확보와 여성의 인권 해방 사이에서 뜨거운 감자가 된 것이다.

이처럼, 탈레반을 무너뜨린 미국은 아프가니스탄이 해방되었음을 상징적으로 드러내기 위해 가장 먼저 여성 문제에 개입했다. 미국은 텔레비전을 통해 베일을 벗은 아프가니스탄 여성의 모습을 전 세계에 보여주었다. 서구 사회가 특히 여성의 권리 보장에 촉수를 세우기 때문이었다. 그러나 정작 아프가니스탄의 한 여성은 텔레비전 인터뷰에서 "우리가 베일을 벗는다고 여성 해방이 이루어지는 것은 아니다"라며 울먹였다.

여성의 베일 착용을 이슬람 페미니즘의 전략으로 내세우는 것은 여성을 민족 담론에 동원하는 결과를 낳을 수밖에 없다. 베일에는 남성의 환상과 강박관념이 그대로 주입되어 있으므로, 여성이 남성의 타자적 기표로서 가부장 문화에 참여하면 오히려 가부장적 상징 질서에 구속되는 결과를 초래할 수 있기 때문이다. 이슬람 여성의 주체화는 이슬람 문화의 다성적 구조를 밝혀내고 새로운 주체적 해석을 실천할 때 비로소 가능해질 것이다.

이슬람 여성과 전쟁의 관계도 마찬가지다. 가부장적 문화 구조와 민족 담론으로 이슬람 여성의 해방과 평화를 주장하는 것은 또 하나의 상상적 허구를 구성하는 억지에 지나지 않는다. 미국 정부는 세계를 미국 편과 테러리스트 편으로 갈라놓았다. 그러나 세계의 많은 페미니스트들은 그러한 편 가르기를 비판하고 새로운 정의를 요구했다. 미국은 이슬람을 악으로 규정하고 신의 이름을 들며 전쟁을 정당화하려 하지만, 이러한 편 가르기와 민족주의 담론 그리고 '기독교 대 이슬람'의 대립 구도로 표현되는 문명 담론으로는 전쟁을 정당화할 수 없다. 미국과 테러 지원국, 선과 악의 이분법적인 구도는 결국 국가주의와 민족주의의 갈등 관계를 전제로 한다.[2] 전쟁은 이러한 국가주의와 민족 이데올로기 안에서만 정당화된다. 이러한 상황에서 여성 해방은 과연 가능할까? 테러 지원국의 정부가 친미 정권으로 바뀌면 여성들이 원하는 진정한 평화와 해방이 실현될 수 있을까? 결론적으로 전쟁은 그 어떤 국가와 민족의 이름으로도 여성에게 정당화될 수 없다. '남성 대 여성'의 관점으로 문제에 접근해야 전쟁으로 인한 여성의 피해를 인식하고 해결책을 모색할 수 있기 때문이다. 국가와 민족의 눈이 아닌 사회의 가장 약한 자의 눈으로 전쟁을 볼 때 비로소 평화의 가능성을 찾아 나설 수 있다.

국가와 민족의 이름으로 합리화된 전쟁

오사마 빈라덴이 9·11 테러를 주도했으며 이라크가 악의 축으로 규정되었다는 이유만으로 미국은 전쟁을 합리화할 수 있었다. 전쟁은 확대된 개념의 '국가와 국가 간의 전술'이기 때문에 합리적인 이유가 있을 때 가능해진다. 그러나 여성이 전쟁을 통해 평화를 얻는 것은 불가능하다. 모든 전쟁은 여성에 대한 폭력을 의미하기 때문이다. 모든 종류의 폭력이 허용되는 전쟁에서 여성에게 아군과 적군의 구분은 의미가 없다. 여성을 위한 국가는 존재하지 않는다.

역사적으로 이슬람에서 근대국가가 성립되던 시기에 서구 제국주의와의 투쟁에서 여성의 역할이 부각된 적도 없지 않다. 한편으로는 서구 제국주의에 저항하고 한편으로는 봉건 군주와 가부장적 구조에 저항하는 이중 구조에 시달렸던 민족 해방전쟁과 독립전쟁에서, 이슬람의 민족주의와 페미니즘은 공동전선을 마련하는 경우가 많았다. 이집트의 경우 정치 정당과 여성운동 연합의 분명한 공동전선이 영국을 몰아내는 원동력이 되었으며, 그 결과 독립과 더불어 여성의 선거권과 참정권이 보장되었고 여성에게 공공 생활의 모든 영역에서 활동할 수 있는 기회가 제공되었다.[3] 터키의 경우에도 스러져가는 오스만 제국을 청산하고 터키 공화국을 출범시키는 원동력이 되었던 독립운동에서 여성들의 기여가 대단했다. 이 시기 여성들은 간호병과 교사 등으로 활약했는데, 이는 집 안에 격리되어 있던 여성의 삶이 비로소 집 밖과 공적 영역으로 이동하는 계기가 되었다.[4]

하지만 구조적인 모순과 불평등을 전제로 하는 국가와 여성의 관계에서 이슬람 여성들이 자유로울 수 있었던 것은 아니었다. 근대국가의 틀은 군대를 기반으로 한 전쟁을 통해 유지되어왔다고 볼 수 있는데, 군대라는 조직에서 여성은 아예 배제된다. 또한 국가의 구성원으로서 갖는 시민권은 '군대 복무'로 이해된다. 여기서도 역시 여성은 배제되며, 가정이라는 보호의 틀 속에 감금된다. 기본적인 시민권에서 배제되는 것이다. 시민권에서 배제된 여성에게 국가란 존재하지 않는다. 또한 남성은 군대를 남성성을 강화하는 조직으로 유지시키고, 국민의 의무에 국방의 의무를 포함시켰다. 죽음으로 나라에 충성하는 애국심이 시민의 조건이 된 것이다. 이때 국방의 의무에서 배제된 여성에게 시민의 자격이 있다고 보기는 어렵다. 하지만 여성을 군대에 편입시키는 것이 문제의 해결책은 아니다. 군대에 간다고 해도 여성은 남성과 동등한 자격을 부여받지 못하기 때문이다. 여성은 최전방에서 제외되며 간호병이나 정보병 같은 후방군에 배치된다. 여성을 군대에 보내자는 단순한 구호만으로는 국방의 의무를 조건으로 하는 시민권 부여의 문제를 근본부터 바꿀 수 없다.

　남성 군대로 조직된 모든 전쟁은 남성에게 합법적으로 폭력을 행사할 수 있는 특권을 부여한다. 그리고 일반적으로 여성, 장애인, 어린이 등 사회적 약자가 폭력의 대상이 된다. 전쟁 상황에서 여성에 대한 폭력은 우발적이지 않다. 전쟁은 여성의 몸을 이용한다. 주민을 길들이기 위해 여성을 강간하며, 군인들의 사기를 높이기 위해 군 위안부를 동원한다. 역사적으로 '정상적 신체'를 가진 모든 남자들은 잠재적 군인이자 국가를 위해 목숨을 바치는 희생자로 그려졌다. 특히 강제적 징병제를 기반으로 전쟁을 준비하는 국가의 경우, 군사주의와 남성에 대한 환상은 그 수위가 몹시 높다. 이러한 환상은 가부장적 남성성을 강화하고 여성을 통제할 권리를 남성에게 부여한다. 전쟁 상황에서 적군과 아군의 구분은 무의미하다.

20년이 넘는 기간 동안 소련과 미국은 450억 달러에 달하는 총탄을 아프가니스탄에 퍼부었다. 이 시절 성장기를 보낸 대부분의 고아들은 장난감 대신 총을 갖고 놀았고, 가족적인 삶의 안정과 평온함을 누리지 못했으며, 주변에 여성이라곤 찾아볼 수 없었다. 20년 전의 이 아이들은 이제 탈레반으로 성장해 여성에게 매질과 돌팔매질, 강간 등 온갖 악행을 저지르고 있다. 여성과의 교류 없이 성장기를 보낸 이들은 여성과 무엇을 어떻게 해야 하는지 모른다. 계속된 전쟁으로 그들은 여성과 더불어 사는 법을 잊었다.

모든 전쟁은 여성에게 인간으로서 양도할 수 없는 권리를 포기하라고 요구한다. 이러한 상황에서 아프가니스탄 여성들에게 '정당한 전쟁'이 가능했을까. 전쟁과 같은 위기 촉발의 상황은 사회적 희생양을 필요로 하며, 증오와 폭력에 기반을 둔 전쟁은 증오와 폭력의 대상을 만들어왔다. 남성의 폭력과 성폭력이 일상화되자 원래 집 밖 출입이 자유롭지 않았던 이슬람 여성들은 더욱더 '남성 전사'들의 보호 속에 살아갈 수밖에 없게 되었다.

여성에 대한 남성의 폭력을 가능하게 하는 전쟁이 국가와 민족의 이름으로 벌어진다는 것은 아이러니가 아닐 수 없다. 국가와 민족이라는 상상적 허구는 대량 학살, 강간과 같은 모든 폭력을 정당화해준다. 그리고 이러한 국가주의는 전쟁이 없는 평화로운 시기에 가족 이데올로기로 전환된다. 가부장적 가족의 정점에 있는 남성들의 여성 폭행, 그리고 남성이 대변하는 국가와 조직 내의 여성 폭행은 가족의 이름으로, 또는 가족의 유지라는 명분으로 행해진다. 부당한 여성 해고와 성매매 등은 '건전한 가족' 질서의 유지라는 명분 아래 면죄부를 받는다. 여성과 사회적 약자에 대한 일상적인 차별과 폭력은 전쟁을 전제로 하는 군사주의의 산물이다.

여성의 섹슈얼리티를 통제하다

모든 문화권에서 남성의 여성 지배는 여성의 섹슈얼리티 통제를 전제로 한다. 이슬람 국가에서도 남성 권력이 여성의 몸을 통제하는데, 가장 대표적인 예가 베일 착용과 여성 할례다. 베일 착용은 근대화 이후 '이슬람 문화의 정체성' 또는 '서구에 대한 저항'으로 이해되기도 하지만, 사실상 베일 착용은 초기 이슬람 문화에 존재했던 남성 권력의 여성 섹슈얼리티 통제가 법제화된 것이다. 그뿐만 아니라 이슬람 고대국가가 수립될 당시 베일은 남성이 접근 가능한 여성과 그렇지 않은 여성을 구분하는 수단이기도 했다. 베일을 쓰지 않은 여성은 여성의 동의 여부와 관계없이 자신의 몸에 접근할 수 있는 권리를 남성에게 부여했다는 의미로 받아들여졌다.[5]

여성 할례의 경우도 마찬가지다. 이슬람의 남성 할례는 종교적 의무로 명시된 것으로서 일종의 성년식과 통과의례를 의미하지만, 여성 할례는 꾸란을 비롯한 경전에 명시된 바가 없다. 가부장제가 점차 강화되면서 일부다처제의 틀을 유지하기 위해 시작되었다는 추측만이 있을 뿐이다. 여성 할례는 대부분의 국가에서 사라졌지만 수단을 비롯한 일부 국가에서는 아직도 여성의 순결을 상징하는 관습으로 남아 있다. 터키의 경우 여성이 처녀성을 입증해야 하는 '순결 검사'가 있었는데, 이와 같은 남성 권력의 여성 섹슈얼리티 통제는 가부장적 사회를 가능하게 했던 요소들 중 하나다.

군사주의는 필연적으로 여성 통제를 수반한다. 군사주의 이데올로기는 남성성과 여성성을 끊임없이 이분화하고 여성에게 젠더화된 역할을 수행하도록 강요하면서 젠더 위계질서를 강화시킨다. 여성은 여러 수준의 폭력에서도 젠더화된 역할을 강요받는다. 군사주의는 여성을 주로 성적 대상물로 파악하는데, 전쟁은 여성에 대한 직접적 폭력의 가장 적나라한 형태다. 전쟁이 발생하면 무장하지 않은 여성과 아이들은 보호 대상이 되지만 동시에 적의 폭력에 가장 취약한 희생자가 된다. 여성에 대한 강간(위안부, 민족 말살적 강간)은 전쟁 상황에도 발생하지만 군대의 근간이 되는 남성성을 보호하고 유지하기 위해 평상시에도 아무렇지도 않게 자행된다(매매춘, 레크리에이션 강간).

여성 억압과 남성의 폭력성이 테러리즘 및 전쟁과 갖는 연관성은 분명하다. 이슬람 근본주의의 보병인 수많은 젊은 남성들이 여성이 없는 종교 학교에서 키워졌다는 사실, 그리고 오사마 빈라덴의 모병 비디오가 비키니를 입은 서구의 젊은 여성을

적의 상징으로 제시했다는 사실은 결코 우연이 아니다.[6]

또한 군비의 증강은 필연적으로 사회복지를 축소시키는데, 그 결과 복지의 수혜자인 여성과 장애인, 어린이 등은 더욱 어려운 삶을 살게 된다. 따라서 여성을 전쟁 담론에 포함시키지 않고서는 전쟁의 비극적 형상을 심층적이고 구체적으로 그려낼 수 없다. 군사주의와 가부장제 그리고 성폭력을 함께 다루어야 전쟁과 여성의 비극적 역학 관계를 이해할 수 있기 때문이다. 더불어 '전쟁 상황이 아니라면 여성은 평화롭게 살 수 있는가'라는 문제 또한 제기되어야 한다. 일상에서의 폭력과 전쟁 상황에서의 폭력은 다르지 않으며, 일상적 폭력 또한 군사주의와 결코 무관하지 않기 때문이다.

이상적인 이슬람 국가를 실현하기 위해 폭력을 용인하고 테러를 지하드로 승격시키는 것도 문제지만, '이상 국가'라는 완전성에 대한 편집증적인 집착도 문제다. 이와 같은 극단적 집착이 환상이라는 자각 없이는 여성에 대한 폭력도 지속될 것이기 때문이다. 탈레반 정권의 여성 탄압도 문제였지만, 이슬람 경전에 집착해서 현실을 무시한 채 이슬람의 율법을 적용하려는 시도 또한 절대적인 폭력으로 이어질 수 있다. 칼리프 제도를 복원함으로써 이슬람의 이상 국가를 실현하겠다고 주장하는 IS가 위험한 것도 같은 이유다. 남성을 동반하지 않고는 외출도 운전도 할 수 없는 사우디아라비아 여성은 이루 말할 수 없는 피해를 보고 있다. 베일을 반드시 착용해야 하는 이란 여성은 사회 진출에 어려움을 겪는데, 이 때문에 생계를 위해 성매매를 하거나 '시게'라는 계약 결혼을 하는 여성이 생겨났다.

여성의 행동 규범과 금기사항을 담은 IS의 선언문은 "여성은 언제든 감춰지고, 가려진 채로 남는 것이 바람직하다"라고 말한다. 여성은 장막 뒤에서 사회를 관조해야 하며, 후대를 생산하고 양육하는 데 존재의 목적이 있다는 것이다. 또한 IS의 선언문은 여자들을 망친다는 이유로 서구식 생활을 금지하고 있으며, 여자가 집 밖에서 일하면 종교에서 멀어지고 사고방식이 타락하며 부적절한 믿음에 빠지게 된다고 강조한다. 게다가 의상실, 미용실과 같은 패션 산업과 도시화, 현대화 풍조는 악마의 작품이라고 선을 긋는다.[7]

베일로 여성의 온몸을 가리게 하고 여성의 공적 활동을 허용하지 않는 것은 이슬람 경전을 잘못 해석한 결과다. 오사마 빈라덴이나 IS의 칼리프 아부 바크르 알-바그다디Abu Bakr al-Bagdadi는 모두 이슬람 경전을 제대로 공부해본 적이 없는 사람들이다. 이들은 이슬람을 정치적으로만 활용할 뿐 이슬람의 본질과 종교적 의미를 제대로 알지 못한다.

이러한 현실을 통탄한 전 세계 무슬림 지식인들이 지난 2014년 가을 잘못된 부분을 조목조목 설명하는 공개 서한을 보내 IS를 설득하려고 시도했다. IS의 폭력이 전 지구적 위협이 되고 있다는 것을 자각한 일부 무슬림 지식인들의 의식 있는 행동이었다. 무슬림 사이에서도 IS의 주장은 설득력을 얻지 못하고 있다.

그렇다면 군사주의와 폭력을 극복하는 방법은 무엇일까? 강대국의 패권주의와 맞서야 하는 이슬람 여성은 군사주의와 폭력을 극복할 수 있을까? 총칼 앞에서 평화를 주장하는 것은 무모하고 공허할 수밖에 없기에 제3세계 여성인 이슬람 여성들의 평화 찾기는 그만큼 넘어야 할 과제가 많다. 군사주의의 폭력성을 고발하는 반군사주의만으로는 평화를 얻을 수 없다. 때문에 이슬람 여성들은 '저항'할 수밖에 없다. 이 '저항'이 힘없는 자들이 힘을 얻기 위한 저항이 아닌 사회의 권력 구조를 변화시키는 저항으로 이어질 때 이슬람 여성은 비로소 진정한 힘을 얻을 수 있을 것이다.

진정한 힘을 발휘하는 저항의 가능성을 모색하기 위해서는 어떤 방법을 동원할 수 있을까? 보다 포괄적이고 근본적으로 군사주의를 극복할 수 있는 방법은 없는 것일까? 클라우제비츠는 ≪전쟁론≫에서 "전쟁은 정치적 행동일 뿐만 아니라 정치의 도구이기도 하다. 전쟁은 모든 정치적 관계의 계속이며, 다른 수단을 가지고 하는 정치의 실행이다"라고 밝힌 바 있다.[8] 전쟁은 정치의 연장이기에 정치와 별개일 수 없다는 클라우제비츠의 주장에 따르면, 정치적 동물인 인간에게 전쟁은 일상이 된다. 그런데 20세기가 되면 전쟁을 하는 집단의 성격이 이전 시기와는 달라진다. 근대 자본주의의 발달과 더불어 등장한 근대 민족국가에서는 "국가기구가 일반적으로 폭력 수단을 성공적으로 독점하고 있으며 국가기구의 행정적 영향력이 미치는 범주도 그 국가의 영토와 일치되는 경향을 보인다"[9]. 근대국가가 등장하면서 폭력 수단을 독점하는 것이 국가의 중요한 특성이 된 것이다. 따라서 국가주의를 넘어서는 대안이 마련되지 않는다면 군사주의의 진정한 극복은 불가능할 것이다.

한편, 이런 맥락에서 국가의 외부와 내부, 무질서와 질서, 국외와 국내 사이의 경계가 엄격하게 구분된다는 가설 또한 검토할 필요가 있다. 국내적 질서와 국외적 무질서의 이분법은 최소한 여성에게는 타당하지 않다. 여성은 국내적 질서 안에서도 안전을 확보할 수 없기 때문이다. 예를 들어 가정 폭력은 사적 영역에 속하는 것으로 인식되기 때문에 가정 폭력에 시달리는 여성은 법의 보호를 받지 못한다. 따라서 갈등을 해결하려면 무엇보다 국내적 질서와 국외적 무질서라는 이분법을 해체해야 한다.[10] 이러한 이분법 또한 남성의 완전성에 대한 환상에서 비롯되었기 때문이다. 남성주의, 국가주의, 민족주의, 군사주의를 넘어서야 이분법적 구도와 동일성에서 벗어나 완전성이라는 환상을 가로지를 수 있다. 그리고 완전성이라는 환상을 가로질러야 평화적 대안을 발견할 수 있는 토양이 마련될 것이다.

국가, 민족, 종교 모두 '작은 나'에서 벗어나 '큰 나'로 나아가기를 주장하면서 영웅을 만들고 환상을 배포한다. 그러나 그 안에 진정한 의미의 '사람'이 없다면, 그리고 폭력에 무방비하게 노출된 누군가가 무가치하게 희생당하고 있다면 결국 국가와 민족, 종교 모두 무의미해진다. 따라서 이슬람 국가가 진정한 '이슬람'이자 진정한 '국가'가 되기 위해서는 이슬람 국가가 누구를 위한 것인지 의문을 가져야 한다. 만약 이슬람 국가가 남성 또는 무슬림만을 위한 것이라면 과연 인류 보편적 가치 속에 편입될 수 있을까? 전쟁과 테러, 폭력이 문제인 이유도 바로 여기에 있다.

1 IS라는 호칭은 최근까지도 학계에서 논란이 되고 있다. IS라는 호칭을 사
   용한다는 사실 자체가 곧 IS의 의도와 요구를 인정하는 것이기 때문이다.
   따라서 오바마 정부와 한국 정부는 공식적으로 ISIL 또는 ISIS라는 호칭
   을, 아랍 국가는 '다위쉬'라는 호칭을 사용한다. 이 글에서는 언어의 사회
   성을 고려해 이미 언론에서 널리 쓰고 있는 호칭인 IS를 사용했다.

2 미국이 이슬람을 '악'으로 규정한 것은 '인간은 어떻게 선과 악을 만들어
   내는가'라는 니체의 질문으로 해석해볼 수 있다. 고귀하고 강하고 드높은
   사람들은 저속하고 비천하고 비속한 사람들에게 맞서 자신들의 행위를 좋
   은 것으로 느끼고 좋은 것으로 평가한다. 이로부터 '정신적으로 고귀한',
   '정신적으로 특권을 지닌'이라는 의미로 선gut 개념이 발전하게 되었으며,
   이와 더불어 비속한, 천민적인, 나쁜/열등한schlecht이라는 개념이 짝을 이
   루어 형성되었다. 이에 따르면 힘의 역학 관계와 권력 구조를 기반으로 한
   국제사회에서 이슬람 국가의 '악마화'는 가치 평가의 주체에서 이슬람 국
   가들이 배제되었음을 보여준다.

3 조희선, 〈아랍, 이슬람 여성에 관한 고찰: 종교적 당위성과 현실, 그리고
   세속과 종교 사이〉, 《여성·가족생활연구》 6권(명지대학교 여성가족생활연구
   소, 2001), 38쪽.

4 Kenan Aküz, *Modern Türk Edebiyatının Ana Çizgileri 1860-1923*(İstanbul:
   İnkılap Kitapevi, 1990), pp. 28~31.

5 Leila Ahmed, *Women and Gender in Islam: Historical Roots of a Modern*

Debate(New Haven : Yale University Press, 1992), p. 15.

6 Katha Pollitt, "Where are the Women?", *The Nation*, October 22, 2001.

7 〈IS 여성으로 사는 법… "9세 결혼, 외부활동 'No'"〉,《연합뉴스》 (2015.02.06) ; http://www.yonhapnews.co.kr/bulletin/2015/02/06/0200000 000AKR20150206029300009.HTML

8 카를 폰 클라우제비츠,《전쟁론》, 류제승 옮김(책세상, 1998), 50쪽.

9 앤서니 기든스,《민족국가와 폭력》, 진덕규 옮김(삼지원, 1991), 27쪽.

10 안 티커너,《여성과 국제정치》, 황영주 외 옮김(부산외대 출판부, 2001), 83쪽.

한국전쟁과 이슬람의 만남

희곡《벼 이삭 푸르러지리라》와
회고록《한국전쟁에서의 터키인》을 중심으로

전쟁문학 속의 터키 참전군과 성매매 여성

한국전쟁이 발발한 지 반세기 이상이 지났다. 국내에서는 한국전쟁이 국지전을 넘어서 국제전의 성격을 띠고 있었음을 인식하고, 냉전 체제에 입각한 반공 이데올로기를 극복해 이른바 '국가주의를 넘어서는' 분석을 진행하는 등 한국전쟁을 바라보는 시각을 재검토하고 있다.

문학 분야에서도 한국전쟁을 소재로 한 작품들을 다각도로 분석 및 연구하고 있다. 그러나 국내의 관점에만 치우친 한국전쟁문학 연구는 국제전이기도 했던 한국전쟁을 총체적으로 분석하지 못할 뿐만 아니라, 한국전쟁에 참여했던 세계 각국의 다양한 시각과 상황을 반영하지 못한다는 한계가 있다. 따라서 세계 각국에서 모여든 참전군들이 체험한 한국전쟁은 어떠했는지를 다시 고찰하고, 한국전쟁에 대한 세계 각국의 평가를 파악해 비교 문화적으로 접근해야 한다.

이를 위해 반드시 검토해야 하는 텍스트가 있다면 바로 터키의 한국전쟁문학이다. 터키는 한국전쟁 당시 지상군을 가장 많이 파병한 나라이기 때문이다. 터키에서는 아직도 한국전쟁을 뼛속 깊이 기억하고 있는 호호백발 참전 용사들을 곳곳에서 쉽게 만날 수 있다. 지금도 죽기 전에 내가 지킨 한국을 다시 한번 가보고 싶다며 눈물짓는 참전군들과 그 가족들의 체험이 터키에서 한국전쟁문학을 형성한 것이다. 지구를 반 바퀴 돌아야 갈 수 있는 곳 터키에 한국전쟁을 자신들의 옛 역사로 기억하는 사람들이 있고, 그들이 남긴 한국전쟁문학이 있다.

전쟁문학으로서

《벼 이삭 푸르러지리라*Pirinçler Yeşerecek*》의 의미

터키의 한국전쟁문학은 대부분 국민들의 지지와 성원을 이끌어내기 위해 참전의 정당성을 선전하는 데 초점이 맞춰져 있다. 거의 모든 작품이 국민들의 전쟁 참여를 독려하고 권장하기 위해 창작된 프로파간다 성격의 문학이라고 할 수 있다. 터키 정부는 '한국전쟁 파병'이라는 역사적인 사업을 추진하기 위해 공산당의 적화통일 위협에서 자유주의 한국을 구출해야 한다는 반공 이데올로기를 부각시켰다.[1] 그 결과 터키는 전 국민의 전폭적인 지지를 받으며 파병을 추진할 수 있었다. 문학은 국민의 지지를 얻는 데 큰 역할을 했으나 대다수의 기성작가들은 입을 다물었으며, 파병을 부추기는 일은 아마추어 작가들의 몫이었다.[2]

당시 터키에서는 반정부적인 발언을 하거나 반전 의사를 표명하면 작가로서의 생명뿐만 아니라 생존까지 위협받았다. 따라서 많은 아마추어 작가들과 지식인들이 전쟁의 정당성을 알리는 데 급급했던 반면, 상당수의 기성작가들은 한국전쟁을 굳이 언급하려 하지 않았다. 이들이 오랜 침묵을 깨고 한국전

쟁에 대해 말하기 시작한 것은 1980년대가 되면서부터다. 오랜 군부독재가 끝나고 민간인 출신 대통령이 당선된 1980년대부터 터키 문단에 서서히 자유화 물결이 일기 시작했다.

이러한 터키의 정치 상황을 고려해볼 때, 세닷 베이스 외르넥Sedat Veyis Örnek[3]의 희곡《벼 이삭 푸르러지리라》에 특별히 주목해야 한다. 우선, 1968년에 발표된 이 작품은 전쟁 당시가 아닌 전후에 쓰인 작품으로 전쟁에 대한 객관적인 평가를 담은 첫 번째 작품이라 할 수 있다. 두 번째로, 이 작품의 저자 외르넥은 실제로 한국전쟁에 참전한 터키군이었다. 덕분에 이 작품에는 저자의 체험과 전쟁 인식이 생생하게 드러나 있다.

희곡《벼 이삭 푸르러지리라》는 1969~1970년 앙카라 시립 극단에 의해 상연되었는데, 당시 매우 긍정적인 평가와 국민들의 호응을 얻었다. 이 무대가 한국전쟁을 직간접적으로 경험한 사람들에게 한국전쟁을 회고하고 재조명할 수 있는 장을 마련해주었기 때문이다.

이 작품에는 우리 모두가 전쟁의 피해자이며, 전쟁을 막고 평화를 유지하기 위해서 국가주의를 넘어서야 한다는 메시지가 담겨 있다. 작가는 '얼마나 많은 사람들이 국가 이데올로기와 체제 수호의 명분하에 죽어야 하는가'라는 문제를 제기하고, 성매매 여성으로 전락한 한국인 전쟁 과부의 삶을 통해 전쟁을 비판한다. 희곡이 상연될 때 작가는 다음과 같이 반전 의사를 밝혔다.

"이 작품은 전쟁이라는 거대한 게임의 한 부분만을 묘사했을 뿐입니다. 성매매 여성과 미군 사이에 벌어지는 이야기이지만, 두 사람 모두 희생자입니다. 두 사람은 모두 전쟁을 증오하고, 서로를 적대시하기도 하지요. 이렇게 이 작품에서는 전쟁이라는 거대한 게임 안에서 작은 게임들이 펼쳐졌다가 끝이 나게 됩니다."

평론가 아드난 빈야자르Adnan Binyazar도 작가가 전쟁을 '인간성을 파괴하는 야만적 행위'로 묘사했다는 점을 강조하면서 작가의 반전 의식에 힘을 실었다. 다른 작가들이 참전군의 향수나 전쟁에 대한 공포 등 서정적 주제만을 다룬 데 비해 외르넥은 현장에서 체험했던 '색시촌'의 모습을 있는 그대로 재현했기 때문에 이 작품은 보고문학 및 기록문학으로서도 가치가 높다.

남성에게 식민화된 '색시촌'의 여성

《벼 이삭 푸르러지리라》는 삼팔선 이남에 주둔 중인 유엔군을 대상으로 성매매를 하는 '색시촌'[4]의 이야기를 다룬 작품으로, 약 30페이지 분량의 단막극이다. 시간적 배경은 휴전협정이 맺어진 이후인 1955년이지만 작품에서는 전시의 삼엄함이 느껴진다. 등장인물은 성매매 여성 성자, 김 씨, 마마상, 미군 1과 미군 2다. 마마상과 미군 2는 사건의 흐름을 위해 배치된 인물로 그 역할이 미미하며, 사건은 주로 성자와 김 씨 그리고 미군과의 갈등에서 비롯된다.

무대는 주로 색시촌 내부에 있는 성매매 여성의 방이다. 성매매 여인은 '색시ṣaksi'로만 표기되어 있을 뿐 이름을 알 수 없다. 여인의 이름은 후반부 '마마상'과의 대화에서야 등장한다. '성자'라는 이름을 가진 이 여인은 전쟁으로 남편을 잃은 후 생계를 위해 색시촌에 들어온다. 성자는 색시촌에서 아버지가 누구인지 모르는 아이를 낳게 되는데, 이 아이는 성자에게 살아 나갈 힘을 준다. 김 씨는 하루하루 간신히 연명하는 성자에게 기생하는 기둥서방이다. 과거 질병으로 고생하던 성자를 도와주었던 김 씨는 그 대가로 끝없이 성자를 착취한다.

김 씨는 담뱃값, 술값, 노름빚 등 필요한 모든 돈을 성자에게서 조달한다.

성자의 마음은 불쑥불쑥 찾아와서 돈을 요구하는 김 씨에 대한 증오로 가득하다. 성자는 강력하게 저항해보기도 하지만 할 수 없이 매번 돈을 내주고 만다. 김 씨의 폭력에 맞설 수 없기 때문이다. 성자는 오로지 아이에게서만 살아가야 할 이유를 찾는다. 아픈 아이를 병원에 데려갈 돈이 없어 전전긍긍하는 중에도 성자는 김 씨의 괴롭힘을 이겨내지 못하고 돈을 내주고 만다.

여기서 색시촌은 성별화된 계급이 존재하는 공간이자, 전쟁과 여성의 폭력적 관계가 중첩되는 공간이다. 성녀/창녀의 이분법적 구분, 어머니/성매매 여성이라는 여성에 대한 이중 잣대는 전쟁이라는 현실 속에서 무의미해진다. 당시에는 주부이자 어머니인 여성이 남편을 잃고 이곳저곳을 떠돌다 생계를 위해 성매매 공간으로 흘러들어오는 경우가 많았기 때문이다.[5] 여성이 성매매의 피해자가 될 수밖에 없는 현실이 가장 분명하게 노출되는 때가 바로 전쟁이다.

기둥서방인 동시에 포주 역할을 하는 김 씨의 폭행은 성별화된 폭력이 전쟁에서 발생하는 폭력과 구분되지 않는다는 것을 보여준다. 젠더화된 사회는 군사주의·민족주의 이데올로기를 통해 남성다움을 증명할 것을 요구한다. 폭력은 사회의 모든 측면에서 효과적으로 여성을 배제하는 메커니즘이 되었으며, 남성 권력은 직접적으로 여성의 몸을 통제하는 수단이 되었다. 남성=보호자, 여성=피보호자라는 이분법적 구분 속에서 폭력은 보호자이기를 자처하는 남성이 행사할 수 있는 당연한 권리로 이해되기도 한다. 일상에서의 폭력과 보호자(남성)/피보호자(여성)의 개념은 전쟁에서의 폭력 및 성매매 개념과 상호 연관되어 있다.

김 씨는 어려움에 처한 여인 성자를 구해주고 그 대가로 여인을 성매매 현장에 밀어 넣는다. 김 씨는 여인의 보호자 역할을 자처하며 여인의 몸과 섹슈얼리티를 통제하기 위해 폭력을 수단으로 삼는다. 김 씨는 '남편과 아내'라는 가족제도를 모방하고 있지만 두 사람의 관계는 보호자와 피보호자의 관계를 넘어 주인과 노예의 고리 속에 있다.

공격적·능동적·폭력적인 성향의 남성성과 수동적·종속적이고 돌봄의 가치를 갖는 여성성의 이분법적 대립은 위계적 구조 속에서 더욱 강화된다. 사회 전반에 걸쳐 제도화된 이데올로기는 여성과 남성의 관계를 더욱 위계적으로 구조화한다.[6]

돈을 뜯어내는 데 성공한 김 씨가 나간 후 방에는 여인의 성을 사려는 미군이 등장한다. 여인은 아이의 약값을 벌기 위해 일을 해야 한다. 여인이 옷을 벗으려고 하는 순간, 옆방에서 악을 쓰는 듯한 아이의 울음소리가 들려온다. 아이는 당장이라도 숨이 넘어갈 것만 같다. 즐거운 시간을 보내려다 흥이 깨진 미군이 욕을 하며 방을 나가려고 하자, 여인은 애원하며 매달린다. 아이의 약값을 벌어야 하니 제발 가지 말아달라고 매달린다.

성매매로 아이를 부양하는 성자에게 어머니라는 존재는 섹스와 무관하다는 근대적 모성상(어머니＝탈성화)은 무의미하다. 남편을 잃은 성자에게 남은 것은 상품 가치를 지닌 그녀의 몸뿐이다. 여인의 육체는 쉽게 타락하고 오염될 수 있는 것으로 기호화된다. 여성의 몸은 적군에게 점령당한 한국 현실에 대한 은유적 표현이다. 여인은 자신을 지켜줄 수 있는 '주인'을 상실한 이후에 본격적으로 남성의 성적 지배에 의해 삶을 지속하게 되며, 경제적 교환가치를 갖는 상품이자 자본으로 변화한다.

전쟁이라는 혼란과 자본주의의 취약한 경제구조에 기생해 살아가는 김 씨는 가부장제와 자본주의의 모순이 낳은 기형적

인물이다. 비정상적인 방법으로 영리를 취하는 김 씨는 자본주의의 병리적인 측면을 상징적으로 드러내는 기호다.

성자 또한 병리적 자본주의의 그물망 속에서 남성들의 타락한 욕망을 수동적으로 받아들일 뿐 주체적인 욕망을 적극적으로 실현시킬 기회를 확보하지 못한다. 성자는 자본의 논리에 수동적으로 자신의 삶을 의탁할 뿐이다. 남성이 전쟁이라는 거대 담론 속에서 타락하고 거세된 대상이라면, 성자는 그들에 의해 또 한 번 거세당함으로써 이중적인 타자로 전락한 인물이다.

또한 성자가 낳은 아이는 혼란한 전쟁 상황에서 시대적 욕망이 낳은 산물을 상징한다. 아이는 누구라도 아버지가 될 수 있지만 그 누구도 아버지가 아닌 아버지 부재의 시대와 무정부 상태의 혼란 속에 있는 전시 상황을 보여준다.

이 작품은 전쟁 상황에서 성매매 여성으로 전락해 살아가는 한 여성의 삶을 통해 국가와 민족의 운명을 여성의 육체와 삶에 비유해서 보여준다. 이를 통해 전통적 삶의 질서가 송두리째 뽑히고 병리적인 물질의 소용돌이 속에 처한 전쟁 상태를 비판하는 것이다. 남성에게 식민화된 여성의 섹슈얼리티와 육체를 그림으로써 혼란스러운 현실과 전쟁을 비판한 외르넥이야말로 진정한 의미의 리얼리스트라고 할 수 있다.

오리엔탈리즘의 재현과 참전군의 분열

성자를 착취하는 김 씨와 성자의 몸을 구매하는 남성들은 모두 전쟁이라는 배치 안에서 거세된 인물들이다. 정부의 명령에 절대적으로 복종해야만 하는 인물이거나 아버지라는 절대 권력을 잃고 주변부로 밀려난 약자다. 그러나 이들은 여성의 몸에 대해서만은 우월적인 지위를 획득한다. 이로 인해 성매매 여성인 성자는 전쟁 상황의 병리적인 경제 질서 속에서 타자화된 남성에게 성적으로 착취됨으로써 이중으로 타자화된다. 전쟁과 자본에 의해 피폐해지고 타락한 한국의 시대적 상황이 여성의 몸을 통해 재현되는 것이다. 결과적으로 성자의 몸은 지배와 피지배, 남성에 의한 식민화와 가부장제가 중첩되어 충돌하고 어우러지는 공간이다.

성자에 대한 미군의 태도 또한 흥미롭다. 미군은 성자의 성을 구매하기 위해 색시촌을 찾는다. 여기에는 국적과 인종을 초월한 남성과 여성의 권력 구도가 존재한다. 그러나 작가는 전시라는 특수한 상황에서 남성에게 위안을 주기 위해 여성이 성을 팔아야 하는 '전시 성매매'의 구조적 모순에 대해서는 별다른 언급을 하지 않는다. 그 대신 작가는 미군의 욕망 역시 '결핍'을 채우기 위한 것임을 강조한다.

성자와 미군은 다음과 같은 대화를 나눈다.

"자! 보라구, 난 의사도 아니고, 무슨 교주도 아니야. 난 그냥 군인일 뿐이야…. 수많은 군인들 중 하나란 말야…. 한국에 가라고 그러더군. '예, 알겠습니다'라고 했지. 총을 쏘라고 하는 거야. '예, 알겠습니다'라고 했지. 혹 죽어야 할지도 모른다고 하더군. '예, 알겠습니다'라고 했지…."

미군은 국가의 지시에 따라야만 하는 자신의 처지를 비관한다. 이는 완전한 주체가 되지 못하고 결핍된 존재로 살아야 하는 상황에 대한 한탄이다. 물론 이러한 문제는 국가의 명령에 절대복종해야 하는 이 세상 모든 군인의 문제일 것이다.

한편으로 미군은 치료를 받지 못해 죽어가는 아이의 울음소리를 들으며 어릴 적 외상을 떠올린다. 추운 겨울의 어느 날 자신이 돌보던 이복동생이 돌연 죽은 사건은 그에게 지울 수 없는 외상으로 남았다. 미군은 주체가 되지 못한 자신의 현실과 성매매 여성 성자의 현실을 동일시하면서 인간적으로 성자를 동정하게 되어 아이를 병원에 데려가주기로 결심한다.

성자에 대한 미군의 욕망은 불안감과 상실감의 표현이자 보상 심리다. 이복동생의 죽음을 가슴 속에 묻고 본인의 의사와는 무관하게 머나먼 나라에 파견된 미군 또한 거세된 남성성이며 그 자체로 결핍인 것이다. 같은 맥락에서 타자화된 성매매 여성의 몸을 통해 일시적인 충만감을 얻으려 하는 김 씨와 다른 미군들 또한 결코 충족될 수 없는 영원한 결핍이다. 아쉽게도 남성과 성매매 여성의 권력 구도는 불안과 상실감 속에서 흐릿하게 희석된다.

한편 한국인 김 씨와 미군은 둘 다 거세된 인물이지만 김 씨는 성자를 착취하는 인물로, 미군은 성자를 도와 문제를 해결해 나가는 인물로 그려져 있다. 유엔군이었던 작가의 시각이 반영된 지점이다. 당시 한국은 공산주의자들에게 점령당할 위기에 있었기 때문에 미군을 비롯한 유엔군 지원 세력은 구세주와 같았다. 한국전쟁 당시 쓰인 터키의 전쟁동원문학에서도 드러나듯이, 대부분의 터키 참전군들은 반공 이데올로기를 내면화하고 있었고 형제 국가인 한국의 무력 적화통일을 막아내겠다는 순수한 동기로 참전을 결정했다. 그러므로 미군이 한국 여성인 성자에게 도움을 주는 우호적인 인물로 그려진 것은 어찌 보면 당연하다 할 수 있다. 그러나 김 씨, 미군, 성매매 여성 성자가 그려져 있는 방식은 다분히 오리엔탈리즘적이다. 작품 속에서는 서양-동양, 우월함-열등함, 문명-야만, 지배-종속의 이분법이 사용된다. 폭력을 일삼는 야만적인 인물 김 씨와, 성자와 대화를 통해 소통하며 고통을 극복하고 문제 해결에 적극적으로 도움을 주는 인물 미군의 대결 구도가 그 예다.

한편 범죄자, 광인, 여자, 빈민으로 등치되는 오리엔탈리즘은 결국 인종차별주의를 성차별적인 은유와 연결시킨다. 무한한 관능의 매력을 발산하지만 다소 어리석고 순종적인 여성은 오리엔탈리스트의 손길을 필요로 한다. 성적 도구로 대상화된 성자는 각축전이 벌어지고 있던 한국에 대한 메타포이며, 한국은 오리엔탈리스트의 손길과 도움을 애타게 기다리고 있는 순종적인 여성이다. 서양의 참전군, 즉 유엔군은 무기력하고 순종적인 한국의 몸을 지배함으로써 우월성을 확보한다.[7]

문제는 작가의 시선이 서구의 시선과 동일시되었다는 것이다. 작품에서 동양의 터키 무슬림이라는 작가의 정체성은 찾

아볼 수 없다. '우리를 도와주는 나라 미국에서 온 좋은 사람'
으로 통했던 유엔군 사이에서 동양인 터키군은 미국인의 가면
을 쓰고 있다. 어쩌면 미국인이라는 옷을 입고 하얀 가면을 써
야 했던 터키인에게 전쟁 중인 한국은 동일시의 공간이자 분
열의 공간이었는지도 모른다. 자신의 정체성을 서양인과 동일
시하면서도 본질적으로 자신은 서양인이 아니라는 분열을 겪
게 되는 것이다.

　작품의 결말에서 야만적이고 원시적인 색시촌 남성은 자
신보다 우월한 위치에 있는 미군을 공격한다. 성자에게 도움
을 주기 위해 소속 부대의 당직 의사에게 다녀온 미군이 김 씨
가 겨눈 총에 맞아 죽는 것이다. 김 씨가 미군의 특권적 위치
를 선망하고 질투해 충동적으로 미군을 살해한다는 결말은 김
씨를 괴물로 만든다. 작가의 입장에서 김 씨는 이해하기 힘든
괴물이자 타자가 된다. 괴물이 된 타자는 지식 대상 너머에 존
재함으로써 신비화되거나 공포의 대상이 되며, 공포가 투사
된 타자는 야만인이 된다. 선망의 대상이 되는 미군은 오히려
타자에 대한 편집증적 두려움을 보인다. 프로이트의 기괴함
uncanny의 순간처럼 전이의 순간이 발생하는 것이다. 여기에
는 미군과 동일시했던 터키 참전군 작가의 분열이 숨어 있다.

서양 참전군은 한국인 남성 김 씨를 야만적이고 열등한 괴물로 타자화함으로써 문명성을 담보한다. 그리고 유엔군이라는 집단적 정체성 안에 묻혀 하얀 가면을 써야 했던 터키군도 오리엔탈리즘적 사유와 동일시에서 벗어나지 못했다.

젠더와 반전 의식

여성의 섹슈얼리티와 몸은 여성의 사적 영역에 머무르지 않고, 종종 공적 영역의 그림자로서 남성 중심의 사회적·역사적 현실을 드러내는 상징으로 이용된다. 남성 작가가 자신이 처한 고통스러운 현실을 드러내기 위해 여성의 수난이나 성적인 고통을 소재로 사용하는 것이 그 예다. 또한 민족주의 담론 내에서 여성은 고난을 상징하는 희생자 혹은 민족 전통의 원형을 상징한다. 민족주의 자체가 남성적이고 성차별적인 이념임을 고려할 때, 이러한 상징은 여성을 배제한 이데올로기에 불과하다.

당시 한국의 무정부 상황과 여성의 관계는 작품 속에서 색시촌의 성매매 여성과 아버지가 누구인지 모르는 사생아로 재현된다. 이는 국가의 부재를 재현하는 은유다. 그리고 작은 틀 안에서는 여성의 섹슈얼리티를 통제함으로써 남성 중심적 권력을 실행하는 가부장적 관행이 드러난다.

외르넥은 전쟁이라는 강대국의 게임이 소수자와 약자, 특히 여성에게 얼마나 큰 파괴력을 갖는지 고발하는 데 주력한다. 작가는 여성의 성을 사는 유엔군 남성과 여성을 학대하는 포주 한국인 남성을 통해 전시 남성의 가해자 역할에 주목한다. 국가의 안보와 체제를 수호하고 국익을 꾀하는 전술로서 전쟁이 반드시 필요하다면, 여성에게 국가는 무엇인가? 작가는 '여성에게 국가란 없다'라는 공허한 답변을 준다. 작가의 반전 의식은 젠더 논의에서 출발한다. 그런데 작가의 반전 의식이 심층적으로 확대되지 못하는 이유는 무엇일까? 작가가 젠더적 함의를 본격적인 논의로 이끌어가지 못하기 때문이다.

작가가 전쟁 시 성매매 공간의 성별화된 권력을 묘사해 반전 의식을 드러내기는 했지만 작품의 무게중심은 불완전한 대타자the Other와 주체들의 분열에 있다. 라캉의 용어로 설명하자면, 타자 역시 욕망과 결핍에 종속되어 있다. 김 씨나 다른 참전군뿐만 아니라, 지배적 위치에서 성자의 문제 해결을 돕는 미군 역시 욕망과 결핍에 의해 분열된 인물이다. 성자가 아이의 호흡을 확인하려고 거울을 아이에게 가까이 가져갔을 때 거울이 깨지는 장면은 미군의 결핍을 상징적으로 표현하는 은유다. 이 장면은 부정적 결말을 암시하기도 하지만 동시에 완전무결하다고 오인될 수 있는 미군의 존재 역시 빗금 쳐진 주체임을 알려주는 기표이기도 하다. 그러나 가장 중요한 것은 전쟁 당사자에게 대타자로 인식되는 국가주의와 민족주의가 그 자체로 결핍이며, 상징 질서 또한 구멍 나고 얼룩져 있다는 것이다. 즉, 작가의 반전 의식은 대타자와 상징 질서 자체도 근본적인 불가능성에 의해 빗금 쳐져 있으며 결핍을 갖고 있다는 것을 인식하는 데서 출발한다.

이 작품은 전쟁의 허구성을 지적하고 빗금 쳐진 대타자로서의 상징 질서를 드러내는 데 머물 뿐 적극적인 전쟁 비판으로 나아가지 못한다. 그러나 이 작품은 전쟁의 정당한 명분이라는 것은 존재하지 않으며, 어떤 전쟁도 착한 전쟁이 될 수 없음을 시사한다. 아마 이는 반전 의사를 표명할 수 없었던 당시 터키의 삼엄한 정치 상황에서 작가가 이용할 수 있는 가장 강력한 반전의 은유였을 것이다.

전쟁문학 속의 한국과 한국인의 이미지

한국전쟁 당시 유엔군으로 한국에 파병되었던 터키군의 참전 체험은 회고록에 고스란히 남아 있다. 현재까지 출판된 회고록은 총 6권 정도라고 알려져 있다. 그중에서 1950년에서 1951년까지 1년간의 한국 체험을 담은 제랄 도라Celal Dora 대령의 회고록 《한국전쟁에서의 터키인Kore Savaşında Türkler》이 특히 주목할 만하다. 500페이지가 넘는 이 회고록은 파병 당시 터키의 정치적 상황부터 한국전쟁에 참전한 뒤 다시 본국으로 돌아오기까지의 과정을 자세히 다루고 있다.

유엔의 한국 원조, 터키 정부의 파병 과정, 이스켄데룬 항구를 출발해서 한국에 도착하기까지의 여정, 전투 대기 과정, 전투 참여 체험, 한국전쟁의 진행 과정, 귀국에 이르는 대장정을 섬세하고 사실적으로 묘사하고 있다는 것이 이 회고록의 특징이다. 모든 기록이 매우 자세하고 섬세해서 역사적인 사료로서 높은 가치를 지니고 있으며, 본인이 직접 체험하고 느꼈던 한국에 대한 묘사도 담고 있어 기록문학적 의미 또한 갖고 있다.

'거래'되는 한국인 여성

제랄 도라 대령의 회고록은 한국이나 한국인의 이미지 묘사에 지면을 많이 할애하지는 않는다. 다만 인상적인 특징을 몇 가지 언급한 정도다. 터키 장교의 짤막한 묘사 속에서는 한국인으로 대표되는 한국 여성의 모습이 특히 강조되고 있다.

그중에서도 실제로 경험한 역사적 사건으로서 지극히 객관적으로 묘사한 에피소드가 있는데 바로 접대부 파티다. 대령은 접대부 파티를 절제된 언어를 사용해 사실적으로 묘사했다. 본인의 감정이나 평가는 언급하지 않고 중립적인 자세를 취하려고 노력했다는 점에서 군인의 절제와 직업의식이 느껴진다.

1950년 10월 19일 터키 파병군은 한국 부산항에 도착해서 곧장 기차를 타고 대구로 이동한다. 대구에서 주둔 중인 유엔군과 합류해서 부대를 정비하고 작전을 기다리며 대기하던 중 제랄 도라 대령은 10월 24일 저녁 대구 시장이 주최하는 만찬에 초대받는다. 이 만찬에 구체적으로 몇 명이 참석했으며 누가 참석했는지는 언급되지 않았으나 내용상으로 유엔군 장교들을 환대하기 위해 대구 시장이 주최한 만찬이었다는 것을 짐작할 수 있다.

제랄 도라 대령과 일행이 만찬 장소에 도착했을 때 이미 미군 장교들은 자리를 잡고 기다리고 있었다. 대령과 일행은 짚으로 만든 슬리퍼를 신고 좁은 복도를 따라 만찬 홀로 들어가서 네모반듯한 방석 위에 앉아 있던 미군 장교들과 합류했다. 나지막한 상에 음식과 녹차가 준비되어 있었다. 계급과 나이에 상관없이 자유롭게 착석하도록 했으나 나이로 보나 계급으로 보나 최고 사령관이었던 야즈즈Yazıcı 장군의 자리는 가장 앞에 따로 마련해서 별도로 안내했다. 장군이 마지막으로 자리에 앉자 매우 정갈하고 아름답게 파티복을 차려입은 젊은 여성 한 명이 들어와 두 손을 모으고 공손히 인사하더니 장군의 오른쪽에 자리를 잡고 앉았다. 이어 또 다른 여성이 같은 자세로 장군의 왼쪽에 앉았다. 아름답게 꾸민 여성들은 한 명씩 한 명씩 줄을 지어 들어오더니 연회장에 앉은 모든 장교들 옆에 한 명씩 끼어 앉았다.

대령은 매우 낯설고 생경스러운 한국의 접대 문화에 대해서 '이런 풍경과 분위기는 태어나서 처음 보는 것'이라고 짧게 표현했다. 또한 '어떻게 끝이 날지 예상되는' 분위기라고 언급하면서, 불편함과 신기함이 섞인 입장을 매우 간결하게 나타냈다.

대령은 옆에 앉은 여성이 방석도 없이 나무 바닥에 앉아 있는 것이 안쓰러워서 방석을 권했지만 여성은 '고맙습니다'라는 말로 극구 사양했다고 한다. 또한 '고맙습니다'라는 단어가 처음으로 들은 한국말이었기 때문에 기억하려 노력했다고 회상했다. 옆에 앉은 여성들이 시중을 들기 위해서 방석도 없이 앉아 있었다는 묘사에서 여성에게는 아무런 배려 없이 임무만 주어졌다는 사실을 짐작할 수 있다.

이어 대구 시장의 축사가 시작된다. 축사는 영어로 통역한 것을 야즈즈 장군 옆에 앉은 터키군이 터키어로 이중 통역을 했다. 축사가 끝나자마자 옆에 앉은 여성들이 일제히 잔을 채워주고 건배를 하며 술을 마시기를 독려했다. 뒤이어 대령은 음식에 대해 언급한다. 상 위에는 없는 것이 없을 정도로 각양각색의 음식이 차려져 있었는데 그 음식들이 무엇으로 만들어졌는지는 알 수 없다고 했다. 다만, 냄새 때문에 음식에 그리 호감이 가지 않았다고 언급하고 있다. 이날 피로연이 그다지 즐겁지 않았던 것처럼 보인다.[8]

제랄 도라가 전쟁 당시 체험한 접대 파티는 살아 있는 한국의 문화다. 그러나 전쟁 상황에서 여성이 향락과 쾌락의 도구가 되는 현실은 비정상적이고 병리적이다. 제랄 도라 대령은 여성의 몸을 거래하는 한국의 현실을 중립적이고 객관적인 시선으로 묘사하려고 애를 썼지만 몹시 불편한 감정이 글에서 드러난다. 국가와 민족 속에는 남성만 있고 여성은 없었다.

제랄 도라 대령이 경험했던 환영 파티 공간은 성별화된 계급이 존재하는 공간이다. 한국 여성이 동원되어 유엔군에게 향락을 제공하는 상황은 여전히 성녀/창녀의 이분법이 공고함을 드러낸다. 또한 이들 참전군의 눈에 비친 한국 여성은 주권의 부재와 혼탁한 전쟁 상태를 대변한다. 이러한 상황에서 여성의 섹슈얼리티와 육체는 식민화될 수밖에 없다. 터키군이 한국에서의 경험을 통해 전쟁을 겪고 있는 국가와 민족의 운명은 여성의 삶과 다르지 않다는 것을 깨달았을지도 모르는 일이다.

이중적 타자, 한국인 여성

제랄 도라 대령의 회고록에서는 전쟁 상황에서 여성 접대부를 동원하고 향응을 베풀어 유엔군의 환심을 사려고 했던 한국인 남성에 대한 비판 의식이 드러난다. 장교들 옆에 앉아 있던 여성들은 시간이 지나면서 장교들에게 음식을 먹여주고, 술을 따라주고, 일어나 춤을 추면서 흥을 돋우었다고 한다. 분위기가 질펀하게 무르익자 다들 춤을 추기 시작하고, 시간은 밤 11시가 된다. 이때 야즈즈 장군이 '더 이상 있으면 안 될 것 같다'면서 터키 군인들에게 자리에서 일어날 것을 명령했고, 제랄 도라 대령 일행을 비롯한 터키인들은 모두 자리를 떠났다고 쓰여 있다. 이 대목은 기생을 동원한 접대 문화가 무슬림인 터키인에게는 그리 익숙하지 않았으며 매우 불편했음을 보여준다. 전시 상황에서 아직 작전 명령도 받지 않은 터키군의 기강이 해이해질 것을 염려했던 사령관의 긴장감도 느껴진다.[9]

전쟁이라는 무정부주의적 혼란 속에서 여성을 접대부로 동원하여 유엔군의 환심을 사려고 했던 한국인 관료의 행동은 비정상적이다. 전쟁이라는 거대 담론 속에서 모든 남성은 타락하고 거세된 대상으로 전락한다. 한국인 관료와 파티에 참석했던 유엔군은 오직 여성의 몸에 대해서만 우월적인 지위를 획득할 뿐, 거세된 인물들이다. 국가나 민족, 전쟁이라는 거대 담론 속에 배치된 인물에 불과하기 때문이다. 그리고 접대부가 된 한국 여성들은 이들에게 또 한 번 거세당하는 이중적 타자가 된다.

광인의 나라, 한국

제랄 도라와 그 옆에 앉아 있던 미군 대령의 대화에서는 오리엔탈리즘적 시각이 엿보인다. 미군 대령은 될 수 있으면 술을 마시지 않으려고 계속 거절한다. 그리고 제랄 도라 대령에게 이 술을 마신 미군 병사 네 명 중 세 명은 병에 걸려 죽었고 나머지 한 명도 정상적인 상태로 회복되지 않았으니 절대 마시지 말라고 충고한다. 제랄 도라는 그 어떤 반응도 하지 않으면서 감정을 내색하지 않으려 했던 것으로 보인다. 피로연에서 마셨던 술은 정종으로 추정되는데, 제랄 도라 대령은 '한국인은 터키인과는 다르게 술을 따뜻하게 데워 마시는 습관이 있다'고만 언급했다.[10]

회고록에는 한국인의 일상생활을 묘사한 대목도 있다. 대령은 한국의 식수에 대해 매우 부정적인 인상을 갖고 있었다. 한국에서는 먹는 물이 매우 귀하고 우물물로 식수를 조달하는데, 대부분은 물이 깨끗하지 않기 때문에 위생 상태가 염려되어 마시지 못했다고 쓰여 있다. 터키 병사들은 빗물을 끓여서 먹었다고 한다. 여기서 한국에 대한 편견이 드러난다.

비위생적인 한국의 술은 생명을 위협할 정도로 위험한 것으로 그려진다. 한국에 대한 미군의 편견과 오리엔탈리즘이 한국 '술'에 대한 두려움과 공포, 경계심으로 드러나고 있는 것이다. 야만인의 술은 생명이 위협받을 수 있다는 두려움과 공포로 이어진다. 한국인은 결국 한국인이 마시는 술로 등치되고, 한국의 술은 '기괴한' 광인의 술로 인식된다 .

서구 선망과 일본 동경

회고록에는 서구인에게 동화된 참전군의 시각이 드러난다. 제랄 도라 대령은 40여 년 이어진 일본의 식민 지배가 한국이 발전하는 데 큰 역할을 했다고 적었다. 한국이 일본의 영향 아래 있었기 때문에 근대에 접어들어 크게 발전할 수 있었다고 본 것이다. 회고록에는 일본의 선진 문명 덕에 한국이 남과 북을 종단하는 두 개의 철도와 국도 망을 확보하게 되었으며, 이로 인해 물류 수송이 가능하게 되었다고 적혀 있다. 또한 대령은 한국의 전기 보급 상태 또한 매우 양호하다고 적었는데, 일본 선진 문명의 영향을 받아서 전국에 전기가 들어오지 않는 마을이 거의 없을 정도라고 극찬했다.[11]

한국전쟁을 통해서 가장 많은 경제적 이득을 취했던 국가가 바로 일본이었기 때문에 터키인의 관심은 일본에 있었다. 한국보다는 일본 문화가 터키에 소개되었다. 한국 땅을 밟은 종군기자들은 한국과 더불어 일본도 취재했다. 일본은 당시 유엔 참전군의 휴양지였다. 부상병은 일본에서 치료를 받고 다시 한국에 배치되었다. 휴양지에서 체험한 일본 문화는 무척 이국적이고 매력적이었을 것이다. 기자들은 일본의 차 문화, 일본인의 심성, 일본 여성, 일본 여성과의 로맨스 등을 보도했다.

터키인에게 일본은 신비롭게만 느껴졌다. 아시아를 벗어나 서구로 향하려 했다는 점에서 터키와 일본은 묘하게 일치하는 지점이 있었다. 근대화 개혁 이후 아시아에 속하기를 거부하고 유럽이 되기를 갈망했던 터키는 언제나 일본을 선망했다. 그렇다고 일본 때문에 터키가 아시아로 관심을 돌린 것은 아니었다. 터키에게 일본은 아시아가 아니었다. 터키의 지향점은 여전히 유럽이었고, 한국전쟁에 참전한 터키인은 '제국인'의 면모를 한국에서 다시 한 번 확인했다. 터키인이 서구 문화를 성공적으로 내면화해 '아시아의 얼굴을 한 서구'가 된 일본을 동경했다는 지점에서 터키 참전군의 분열이 드러난다.

전쟁문학에 등장하는 주요 테마 중 하나는 이국 여성과의 로맨스였다. 흥미롭게도 한국에 파병된 터키군은 한국 여성이 아니라 일본 여성과 로맨스를 나누었다. 로맨스의 대상이 된 일본 여성은 주로 군인들과 자주 만나는 간호사나 게이샤였다. 일본은 터키를 비롯한 연합군 병사들이 부상을 당했을 때 치료 받거나 잠시 휴식을 취할 수 있는 나라였다. 휴식을 취하러 온 연합군 병사들에게는 일본의 게이샤가, 부상을 당한 병사들에게는 일본 간호사가 상대 역할을 했던 것이다. 때문에 일본의 이미지가 터키에 긍정적으로 소개되기 시작했으며, 일본 여성은 동양을 대표하는 로맨스의 상징이 되었다. 터키군과 일본 여성의 로맨스는 곧 헤어져야 한다는 이별의 아쉬움을 담고 있었다. 따라서 일본 여성에 대한 애틋함과 찬사는 곧 일본 여성에 대한 신화를 만들어냈다. 그러나 일본 여성에 관한 서사에서도 강자 대 약자, 남성 대 여성, 명령 대 복종, 서양 대 동양이라는 오리엔탈리즘적 시각과 가부장적 시각이 드러난다. 서구인의 옷을 입었지만 결국 동양 남성이었던 터키 참전군이 서구화에 성공한 일본 여성을 전통적 가치를 지키며 살아가는 순종적인 여성으로 그렸다는 점이 특히 주목할 만하다.

회고록에는 쌀농사, 가축, 나무, 학구열 등 한국의 일상생활과 관련된 내용도 언급되었다. 한국은 산과 골짜기가 많고, 경작지는 대부분 저수지와 관개수를 이용해 논을 만들어서 벼농사를 짓는다고 했다. 농사에서 기계보다는 사람의 노동력이 큰 역할을 하며, 한국인의 주식인 쌀은 한국인에게 거의 모든 것이라고 할 수 있을 정도로 매우 중요하다고 강조했다. 또한 볏단은 쓰임새가 매우 다양해서 짚신, 모자, 줄, 우산 등 다양한 용도로 활용된다고 했다. 가축이 농사에서 매우 큰 역할을 하며, 짐을 나르고 수레를 끄는 등 막중한 책임을 진다고 묘사했다. 한국의 나무와 숲에 대해서는 각별한 애정을 가지고 많은 지면을 할애했다. 한국인은 마른 볏단 더미로 불을 지피는데, 한번은 터키인 병사가 땔감을 구하려고 숲에서 나무를 하고 있는데 한국인 농부가 나무를 베지 말고 볏짚을 쓰라고 사정하면서 자신의 볏단을 가져다주었다고 한다.

또한 방문한 마을마다 학교가 최소한 한 개는 있었다고 적었다. 한국인은 학구열이 매우 높은 편이며, 젊은 층에서는 문맹률이 매우 낮을 정도로 학습 의욕이 높다고 설명했다. 또한 한국인이 아무것도 하지 않고 앉아 있는 것을 본 적이 없다면서 한국인이 매우 부지런하다고 했다.

한국인의 복장에 대해서는 부자나 가난한 사람, 소시민 등 계급에 상관없이 모두 같은 종류의 의복을 입는 것이 특징이라고 말했다. 남녀노소 할 것 없이 모두 하얀색 옷을 입는데, 공무원만 재킷과 바지를 입으며 민중은 여자든 남자든 모두 통이 넓은 몸뻬 바지와 하얀 면으로 만든 상의를 입는다고 적었다. 시골 농부들이 하얀색 옷을 입고 밭에서 일을 하는 모습이 마치 봄날에 흩날리는 파파티야 꽃처럼 보인다고 묘사했다.

여성은 아이들을 등에 업고 물건을 머리에 이고 다닌다고 했으며, 남성은 지게를 지고 다니는데 볏단으로 만든 새끼줄로 짐을 동여매는 것이 인상적이라고 적었다.[12] 이처럼 터키인은 소박한 삶이야말로 한국 본연의 것이며, 문명화되고 편리한 것은 모두 일본의 일방적인 희생과 도움 덕분이라고 보았다. 문명/자연, 선진/야만, 근대/전통 등의 이분법적인 구도 속에서 일본/한국 또한 문명/미개함으로 배치한 터키 참전군의 시각은 아시아 국가 일본을 서구화된 아시아, 아시아에서 벗어난 아시아로 보고 선망했다는 점에서 분열을 드러낸다.

한류를 통한 한국의 이미지 변화의 가능성

한국은 터키인이 아시아를 떠나 천 년이라는 시간을 보내고 다시 밟은 아시아 땅이었다. 그러나 전쟁으로 폐허가 된 한국은 터키인에게 그다지 매력적이지 않았다. 원조와 동정, 전쟁으로 피범벅이 된 영토, 여성이 거래되는 나라. 당시 터키인의 눈에 비친 한국의 모습은 이런 것들이었다.

영토의 고작 3%, 이스탄불의 끝자락이 유럽 땅에 속해 있다는 이유로 터키는 아시아가 아닌 유럽에 속하기를 갈망해왔다. 터키는 1959년부터 유럽경제공동체EEC에 가입하고 싶어 했지만 1963년이 되어서야 준회원이 되었다. 터키는 아시안게임에는 출전조차 하지 않으며, 올림픽과 월드컵은 유럽국의 지위로 출전하고 있다. 1995년 터키의 첫 여성 총리 탄수 칠레르Tansu Çiller가 유럽연합EU과 관세동맹을 맺은 후 2004년부터는 유럽연합 가입을 위해 본격적인 협상을 시작했다.[13]

그러나 유럽연합으로 가는 길은 험난했다. 고된 재정비 작업이 필요했던 것이다. 유럽은 터키에게 유럽 수준의 민주화와 인권 그리고 경제개혁을 요구했다. 더구나 20세기 터키가 저지른 대규모 종족 학살이 번번이 발목을 잡았다. 아르메니

아인 대학살과 쿠르드족 학살 및 박해가 대표적 사례다. 아이러니한 것은 학살을 감행한 중심 세력이 유럽을 지향했던 군부 엘리트였다는 것이다. 기독교 근본주의와 인종차별주의로 수많은 전쟁을 일으키고 유대인을 학살했던 유럽이 이러한 요구를 하자 터키는 심기가 무척 불편했다. 게다가 오랜 역사를 통해 형성된 유럽의 이슬람 포비아와 터키에 대한 편견은 터키가 유럽연합에 가입하려고 노력한 지난 10년간 고스란히 드러났다.

이를 몸소 체험한 터키인은 변화하기 시작했다. 자본주의가 고도로 발전한, 타락하고 악마화된 서구보다는 이슬람으로 회귀하기를 희망하는 사람들이 늘어나기 시작한 것이다. 때마침 터키에는 한류의 바람이 불기 시작했다. 터키는 영화와 드라마를 통해 소개된 한국 문화에 매료되었고, 한국이 더 이상 돌봐주어야 하는 불쌍한 나라가 아니라는 것을 확인했다. 짧은 시간에 이룩한 한국의 경제성장은 그야말로 놀라운 것이었다. 터키인은 한국인이 일상생활에서 누리는 첨단 기술과 바쁜 삶, 풍요로운 문화, 자유롭고 로맨틱한 남녀 관계, 그러면서도 전통을 지켜 나가는 가족 관계 등에 매료되었다. 스크린 속 한국은 경제적으로는 자본주의의 첨단 문화를 만끽하면서도 한편으로는 전통문화를 고수하고 있었다. 또한 터키인은 고부 관계, 결혼 제도, 가족 관계 등 한국인이 관계를 맺는 방식과 정서가 터키와 매우 닮아 있다는 것에 놀라워하고 열광했다.

터키인들은 유럽을 지향하지 않아도 아시아에서 자신들의 가치와 정체성을 찾아낼 수 있다고 생각하기 시작했다. 그 변화의 이면에는 분명 한류의 영향도 있었다. 한류를 통해 소개된 아시아 문화가 터키인의 가슴 속 깊이 잠들어 있던 무의식을 자극했던 것이다.

현대사에서 터키는 한국전쟁을 통해 한국을 다시 만났다. 당시 참전군으로 한국을 방문했던 터키인에게 가장 인상적이었던 체험은 대체로 젠더 문제와 관련이 있는데, 이는 매우 의미심장하다. 전쟁 가해자인 남성과 소수자이자 피해자인 여성의 관계가 두드러지면서 '국가에게 여성은 무엇인가'라는 질문을 던지지 않을 수 없기 때문이다. 무슬림 남성은 이익을 얻고 유엔군의 환심을 사기 위해 자국 여성을 성매매 현장으로 몰아가는 한국인 남성의 행동을 매우 낯설게 바라보았다. 따라서 한국을 바라보는 터키인의 시각은 매우 비판적이었다. 특히 터키인은 한국의 비뚤어진 성 인식과 여성을 대하는 이중적 잣대를 놓치지 않았다. 또한 제랄 도라 대령이 쓴 회고록에 나타나는 것처럼, 무슬림 터키인은 한국에 대해 중립적이며 객관적인 태도를 보이려고 노력했지만 결국 한국을 열등하고 야만적인 나라로 바라보는 서구의 오리엔탈리즘적 시각에서 벗어나지 못했다.

그러나 한국전쟁 발발 후 60여 년이 흐른 지금, 한국은 경제대국이 되어 국제무대에 등장했으며 터키에서는 한류와 한류 스타들의 영향력이 상상 이상으로 커졌다. 지금이야말로 한국이 과거의 어두운 이미지에서 벗어나 긍정적인 이미지를 제시할 때다. 선진적인 리더 국가로서 이상적인 모델을 제시해야 할 단계인 것이다. 이 시점에서 이제 한국은 세계화를 어떻게 실현해야 할지도 생각해보아야 한다. 최근 우리 사회에서는 한때 반짝했던 세계화라는 말이 사라지기 시작했다. 세계화는 넓은 의미에서 한국의 의식 수준을 경제 수준에 맞게 세계적 표준으로 끌어올리려는 시도였다고 볼 수 있다. '한국이 경제적으로는 발전했지만'이라는 수식어는 인권이나 문화적 의식 수준이 그만큼 발전하지 못했음을 드러낸다. 경제적 측면에서 가시적인 시장 개척도 필요하겠지만 의식 수준 또한 세계 기준에 걸맞게 선진화할 필요가 있다.

한국은 이제 이러한 문제의식과 더불어 국제사회, 특히 아시아 국가에서 한류의 역할이 무엇인지를 면밀히 검토하고 책임감을 가져야 한다. 오랜 역사를 통해 형성된 수준 높은 한국의 정신문화를 수출해야 할 때가 온 것이다. 한류는 21세기 문명이 교류하고 소통하는 방식이 되어야 한다. 터키인뿐만 아니라 모든 무슬림 그리고 아시아인이 한류를 통해 수준 높은 정신문화를 접하고 아시아라는 정체성에 자긍심을 회복해 자존감을 다질 수 있기를 희망한다. 그때 비로소 터키인은 서구문화를 태동시킨 그 땅에 '아시아 민족'이 자리 잡은 이유를 깨닫게 될 것이다. 터키인은 21세기를 기점으로 동양과 서양, 아시아와 유럽이라는 경계를 넘어 지구인의 진정한 하나 됨을 위해 제 역할을 해야 할 시점에 와 있다. 그 사명을 깨닫기 위해 터키인은 자신이 누구인지를 먼저 깨달아야 한다. 그리고 한국 또한 형제의 나라 터키가 자신을 알아가는 데 기여함으로써 지구인의 공존과 문명의 화해를 끌어내야 한다. 그것이 중앙아시아를 기준으로 각각 아시아의 동쪽과 서쪽 끝에 자리 잡은 두 문화 민족의 만남이 주는 의미일 것이다.

1 터키군의 한국전 참전은 구소련의 위협에서 터키의 안보를 지키기 위한
  시대적 요청으로 받아들여졌기에 터키 정부는 점차 국민의 대대적인 지
  지와 성원을 얻어낼 수 있었다. 터키는 한국전 파병을 통해 터키의 안보
  와 미국의 군사적·경제적 원조를 기대했고, 실제로 터키는 1952년 나
  토NATO에 가입했다. Toker Metin, *Demokrasimizin İsmet Paşa'lı Yılları
  1944-1973*(Ankara: Bilgi Yayınevi, 1990), p. 50.

2 한국전쟁문학을 창작하는 아마추어 작가들의 폭은 점점 넓어졌다. 현직
  교사나 향토연구소의 연구생과 같은 비제도권 지식인들을 중심으로 시작
  된 전쟁동원문학 창작은 구비문학의 시 전통을 계승하는 민속 시인 아식
  Aşık에 의해 더욱더 가속화되었다. 민속 시인인 아식은 터키 고유의 독특
  한 전통적 구전 시 형식인 '데스탄Destan'을 지어 마을 방방곡곡에 참전의
  정당성을 알렸고, 민중의 참여를 동원하는 데 크게 이바지했다.

3 세닷 베이스 외르넥(1927~1980)은 독일에서 민속학 박사 학위를 받고 앙
  카라 국립대학에서 민속학과 교수직을 역임했다. 단편소설과 희곡을 번
  역·창작했으며 민속학자로서도 많은 저서를 남겼다.

4 작품에서는 터키어 '샥시Şaksi'로 표기되었지만 이 글에서는 '색시촌'으로
  표기하기로 한다.

5 1950년대 매춘 여성의 수는 최소 15만 명으로 추정된다. 이 중에서 40세
  미만 미망인의 매춘 비율은 25.4~26.9퍼센트에 이른다. 이렇게 많은 여성
  이 매춘 여성이 된 이유는 한국전쟁 후 대부분의 미망인들이 사회생활 경

험이 전혀 없는 상태에서 어린 자식들을 부양해야 했고, 소득을 얻는 데 매춘보다 쉽고 빠른 방법을 찾을 수 없었기 때문이다. 이임하, 〈전쟁이 끝나도 여성에게 평화란 없다: 1950년대 '전쟁미망인'의 삶을 중심으로〉, 《여성과평화》 제3호(한국여성평화연구원, 2003), 102쪽.

6 남성다움이 끊임없이 강조되고 높이 평가되는 사회에서 군사주의·민족주의 이데올로기는 가부장제의 강력한 뒷받침을 필요로 한다. 이 이데올로기가 영향력을 발휘하기 위해서는 사회의 위계질서가 전제되어야 하기 때문이다. 군사주의와 민족주의, 전쟁은 이러한 관계 속에서 폭력 사용을 용인하며, 폭력은 여성을 효과적으로 통제하는 데 동원된다.

7 에드워드 사이드는 오리엔탈리스트를 '쓰는' 인간으로, 동양인을 '쓰이는' 인간으로 보았다. 여기에 그의 모든 문제의식이 함축되어 있다고 볼 수 있다. 그는 오리엔탈리즘을 '동양'과 '서양' 사이에서 만들어지는 존재론적이자 인식론적인 구별에 근거한 사고방식으로 이해한다. 그는 이러한 사고방식을 바탕으로 전개된 학문적 의미와 이미지 사이에 지속적인 교류가 있었음을 강조하면서 오리엔탈리즘을 "동양을 지배하고 재구성하며 위압하기 위한 서양의 스타일"로 정의한다. 또한 그는 이미지로서 표상된 동양과 관련된 언설 속에 내재된 서양의 정치성, 폭력성, 문화를 내세운 지배력을 폭로한다. 자세한 내용은 에드워드 W. 사이드, 《오리엔탈리즘》, 박홍규 옮김(교보문고, 1996), 13~29쪽.

8 Celal Dora, *Kore Savaşında Türkler* (Istanbul: Ismail Akgün Matbaası, 1963), pp. 56~58.

9 Ibid., pp. 56~58.

10 Ibid., pp. 56~58.

11 Ibid., pp. 59~63.

12 Ibid., pp. 59~63.

13 쉴레이만 세이디, 《터키 민족 2천년 사》, 곽영완 옮김(애플미디어, 2012), 256쪽.